구순에 보내는
4월에 핀 동백꽃

김두전 지음

구순에 보내는
4월에 핀 동백꽃

초판 1쇄 발행 2023년 04월 03일
저 은 이 김두전
발 행 인 권선복
편   집 권보송
디 자 인 신미현
전 자 책 서보미
발 행 처 도서출판 행복에너지
출판등록 제315-2011-000035호
주   소 (07679) 서울특별시 강서구 화곡로 232
전   화 010-3993-6277
팩   스 0303-0799-1560
홈페이지 www.happybook.or.kr
이 메 일 ksbdata@daum.net

값 20,000원
ISBN 979-11-92486-62-8 (03910)

구순에 보내는
4월에 핀 동백꽃

김두전 지음

도서
출판 **행복에너지**

1. 제주 4·3사건이란?

제주 4·3사건은 1947년 3월 1일 제주도민에 대한 경찰의 발포 사건을 기점으로 하여 경찰, 서북청년단(이하 서청)의 탄압에 대한 저항과 대통령 후보 단독 선거, 단독정부 반대 세력을 진압하는 과정에서 벌어진 일이다. 1948년 4월 3일 남로당 제주도당 무장대가 무장 봉기한 이래 1954년 9월 21일 한라산 금족 지역이 전면 개방될 때까지 제주도에서 발생한 무장대와 토벌대 간의 무력 충돌과 진압 과정에서 수많은 제주 도민들이 희생당한 사건이다.

4·3사건이 발생하자 응원 경찰과 서청이 대거 제주도로 파견되어 사태 수습에 나섰는데 특히, 서청은 검거 작전 과정에서 양민들에게 횡포를 일삼아 민심을 자극

했으며, 3만여 명에 이르는 많은 희생자를 발생시켰다. 1957년 4월 2일까지 약 9년간 이어진 제주 4·3사건은 대한민국 역사상 6·25사변 다음으로 많은 희생자를 발생시키고 종료되었다.

2. 『4월에 핀 동백꽃』 출연 마을

『4월에 핀 동백꽃』은 구좌읍 서부 지역 김녕리(당시 동, 서 김녕 2개 마을, 현재 김녕리로 통합)를 중심으로 하는 동복리, 덕천리, 월정리, 행원리 6개 마을에서 무장 공비와 서청 토벌대 간의 무력 충돌과 이로 인한 진압 과정에서 수많은 주민들이 무참하게 희생당한 내용들을 중심으로 구성되었다.

〈출연 마을〉

1) 김녕리는 이웃 2개 마을 소개(동복리, 덕천리) 이주민들을 수용하였으며, 스스로 방위 성벽을 쌓아 피해를 줄이기 위해 노력한 마을이다.

2) 동복리는 많은 주민들이 집단 사살당했으며(1차 86명, 2차 30명), 마을 전체가 불태워지면서 김녕리로 소개 이주한 마을이다.

3) 덕천리는 중산간에 있어서 소개된 마을이며, 입산 공비와 서청으로부터 많은 고통을 받은 마을이다.

4) 월정리는 마을 주민들이 집단 학살을 당했으며, 공회당(마을 회관)이 불태워졌고, 초등학교에 서청특별대 중대의 주둔으로 많은 고통을 받은 마을이다.

5) 행원리는 공비와 내통한 것으로 많은 마을 주민들이 집단 학살을 당한 마을이다.

3. (동·서)김녕 마을과 4·3

김녕리는 예부터 1,000호 가까운 자연부락이라 천하 대촌이라 불렸던 큰 마을이다. 마을 경찰지서가 구좌 서부 지역 6개 마을의 치안을 통괄하고 있었기에 공비로 인한 피해가 덜한 지역이었다. 다른 마을들과 달리 자체적으로 자경대, 민보단과 청년 특공대, 중학교 학련(단) 등이 조직되었다. 특히 마을 외곽에 4km 길이의 성벽을 쌓아서 공비 폭도들로부터의 피해를 예방할 수 있는 마을이었다. 그리고 이웃 마을 동복리 소개 이주민들과 중산간 마을 덕천리 소개 이주민들을 받아들여 인력과 식량 지원 등의 여건이 양호하였다.

그러나 마을의 사정을 아는 김녕리 출신 입산 공비 1명이 있어서 수시로 공비 폭도들로부터의 습격을 받아 식량 탈취와 인명 피해도 많이 발생하였다. 김녕리 남흘동의 경우 경찰지서에서 멀리 떨어져 있고, 묘산봉 오름과 가까워 공비들이 습격하기 좋은 위치였다. 이에 남흘동은 공비들의 단골 습격지가 되었다.

　그럼에도 불구하고 4·3 발발 초기부터 안정될 때까지 이한정이 민보단장으로 있으면서 입산 공비들의 습격에 강하게 대처하였고, 서청특별대의 민폐 대응에도 크게 기여하였다. 자경 활동도 활발하여 전체적으로 공비 폭도들로부터의 피해가 적은 편이었다. 하지만 공비들은 마을 유지와 청년 단장 2명, 민보단원 2명을 선별하여 기습 사살하였고, 성 경비 초소를 기습하여 여성 입초원들을 사살하였다. 한편, 서청대 출신들이 김녕지서에 배치되면서 부녀자들에 대한 피해도 심해졌다. 서청대 출신들이 마을 이장과 학교장의 딸들을 욕심내어 강압적으로 결혼을 하는 등 피해를 주었다. 생명에 위협을 느낀 부모들이 어쩔 수 없이 결혼 승낙을 하도록 유도한 일인데, 주민들은 이러한 악행들이 일어나지 않도록 빨리 평화가 찾아오길 갈망하였다.

한편 4·3 초기에 김녕청년회가 주최하는 전도 축구 대회가 황소 한 마리를 걸고 광복을 기념하여 1박 2일간 김녕초등학교 운동장에서 열렸다. 하지만 서청대 선수 팀들이 과격하게 축구를 하여 사람을 차는 반칙을 하는 횡포 축구가 벌어졌다. 이에 마을 청년 간부들은 횡포 축구 등과 같이 화근이 덮칠 것을 우려하여 대회가 끝나자마자 일본으로 도피하기도 하였다.

서청토벌대는 김녕리로 소개되어 들어온 동복리 이주민들을 상대로 입산 공비 내통자 수색을 계속하여 30여 명의 많은 사람을 색출한 뒤 김녕지서 앞밭에서 처형하였다. 그리고 중산간 덕천마을에서 김녕리로 소개된 이주민들을 대상으로도 입산 공비 내통자를 1차 18명, 2차 20명을 색출하여 김녕지소 앞밭에서 처형하였다. 이에 해당 장소는 '귀신 나오는 처형터'라 불렸고, 처형터 밭과 가까운 거리는 밤이 되면 어린아이들이 기피하는 무서운 거리가 되었다. 해당 장소가 주거지 개발도 안 되는 오지로 남게 되자 밭주인은 결국 마을 안에 있는 밭이지만 헐값에 팔아넘겼다.

4. 동복 마을과 4·3

제주 북동부 지역에서 4·3사건으로 가장 많은 피해를 입은 '동복리'는 당시 100여 호가 살고 있었다. 공비 한 사람이 여러 사람을 이끌고 입산하여 동복리 주민들을 괴롭혔다. 주로 구름이 낀 달밤에 수차례 대대적인 습격으로 식량을 탈취하였고, 많은 인명 피해를 입혔다. 이로 인해 동복리는 '폭도 마을'이라는 악명을 받게 되었고, 월정리에 주둔해 있던 악명 높은 서청특별대(토벌대, 2연대 2대대 11중대)에 의해 많은 젊은이가(86명) 집단 총살을 당했다. 이웃 마을 김녕리로 동복리 주민들을 이주시켰고, 마을 전체가 전소(불 질러 없어지게)되었다. 공비 소탕 작전에서 소개령의 대상은 해안을 접하지 않은 중산간 마을에만 적용되었던 조치였지만 동복리 주민들도 소개되었다. 김녕리로 이주 조치된 이후에도 동복 마을의 주민들을 대상으로 계속해서 내통자에 대한 수사가 진행되었다. 입산자 가족과 친인척까지 위험한 부류로 확대시켜 주민 30여 명을 추가로 처형시킴으로써 인명 피해가 5개 마을 중 가장 많았다. 결국 동복 마을 출신 입산 공비 주동자가 토벌대의 기습 공격에 사살되었고, 마을이 전소되어 주민들이 김녕리로 이주되었기에 동복 마을에 대한 공비들의 습격은 없어지게 되었다.

이에 동복 마을 청년 회원들이 불타버린 동복 마을을 대대적으로 청소하였고, 이를 기리는 차원에서 마을에 동백나무를 심게 되었다. 사람들이 마을로 돌아가기 전 늦은 봄 저녁에 동백나무에 반딧불들이 꽃처럼 반짝이는 장관을 이루었다. 주민들은 이를 "반딧불이 보러 오세요."라는 새마을 재건 사업 의욕을 다지는 계기로 활용하였다.

5. 덕천 마을과 4·3

해변에서 5km 정도 떨어진 중산간 마을인 덕천리는 80여 호가 있었다. 1948년 10월 17일 중산간 마을 소개령이 내려지자 해변가 이웃 마을인 김녕리로 소개하도록 조치되었다.

서청토벌대에서는 덕천리 중산간 마을이 입산 폭도의 소굴이며, 식량도 공급해주는 마을이라고 단정하고 공비 마을로 취급하여 학대하였다. 김녕리로 소개 이주시킨 이후에도 계속적으로 소환하며 수사를 실시하였다. 이 과정에서 강도 높은 고문이 진행되었고, 무차별적으로 공비와 관련이 있는 내통자로 확정하여 처형을 실시하였다. 수차례 집단 처형이 이어진 결과 덕천리 출신 남자는 한 사람도 남지 않을 정도가 되었다. 김녕리로 소개 이주된 남자들은 서청특별대에 소환되어 점차 죽어 갔고, 덕천리의 젊은 여성들은 성희롱과 괴롭힘을 당하는 경우가 비일비재하였다.

이에 김녕리로 소개 이주된 덕천리 주민들은 집을 옮기며 행적을 위장하는 데 혈안이 되기도 하였다. 덕천리 주민들은 하루속히 4·3사태가 평정되어 마을에 다시 평화가 찾아오기를 소망하였다. 새해 들어 마을의 일부 부녀자들은 불타버린 마을을 찾아가 대청소도 하였는데, 정원의 동백나무에 핀 붉은 꽃을 보면서 북받치는 설움에 눈물을 흘렸다.

6. 월정 마을과 4·3

　월정리에는 서청특별대(토별대) 2연대 2대대 11중대가 월정리 중앙초등학교에 주둔하여 김녕지서 관내 주변 마을의 공비 소탕을 담당하였다. 김녕리는 경찰지서가 담당 관할하였고, 그 외의 주변 마을들은 서청특별대가 관할하였다.

　월정리에 공비 폭도들의 대대적인 습격이 여러 번 있었는데, 서청특별대는 동복리와 덕천리의 공비 소탕에 열을 올렸으며, 주둔지 월정리와 인근 행원리에서 집중적으로 내통자 색출 등을 하였다.

　월정리에서는 불온서적 사건으로 학교 교사 2명이 처형을 당하였고, 입산 공비 2명이 마을을 자주 습격하였다. 잦은 습격에 어려움을 겪은 서청특별대는 내통자 색출을 통해 많은 사람들을 처형하였다. 소환된 수사 대상자에 대한 고문이 가혹해서 한번 들어가면 살아서 나올 수 없다는 악명이 자자하였다. 부녀자들에 대한 성희롱도 심해서 마을 사람들은 많은 고통을 받았다.

　서청특별대에서는 내통자 수색을 위한 마을 순찰을 시행하면서 대원들을 외출시켜 마을의 민심 동향을 파악하는 기회로 삼았으며, 부대원들의 사기를 높이는 효과가 있는 만큼 마을의 피해는 심해졌다. 이는 한편 지금까지의 민심과 동떨어진 공비 소탕 작전을 개선시키는 계기가 되기도 하였다. 예로 돌팔매전을 벌였던 해녀들이 잡은 해산물을 선물받기도 하였고, 월정리 외곽 속칭 '몰물개'에서 내통자 등의 처형이 이루어졌는데 민심을 감안하여 주로 늦은 밤에 시행하였다.

7. 행원 마을과 4·3

행원리는 서청특별대가 주둔하고 있는 월정 초등학교에서 동쪽으로 2km 정도 떨어져 있는 마을이며, 해안가가 접해져 있다. 행원리 출신 입산 공비가 한 사람 있었는데, 이로 인해 행원리도 공비 폭도들의 습격을 자주 받았다. 특히 서청특별대의 주둔지와 멀리 떨어져 있었기 때문에 습격의 빈도와 피해가 커서, 습격이 있었다 하면 식량이 많이 털렸으며 인명 피해도 많았다.

이 마을에는 재일 조련계 출신이 많이 있어 내통자 수색이 힘들었고, 입산 공비의 가족도 일본 거주 조련계여

서 관련 친인척에 대한 내사도 심했으며, 많은 친인척들이 내통자로 몰려 처형당하였다.

처음 조총련계 내사에서 연좌제를 적용해 연고가 있는 많은 친인척들이 내통자로 걸려들었지만 한꺼번에 많은 사람들을 처형시키면 큰 문제가 발생할까 우려하여 처형 대상자를 대폭 줄여 소수만 처형했다. 행원 마을 사람들에 대한 처형은 월정리와 중간 지점의 모래밭을 택하였고, 민심을 고려해 깜깜한 밤에 실시되었다.

처형 사건에 대한 보복으로 마을 출신 공비가 주도한 습격이 있었는데, 서청토벌대에 의해 사살당했다. 이후 공비 폭도들로부터의 습격이 뜸해졌다. 하지만 서청토벌대는 추후 공비 은둔지 토벌에 대비하였으며 습격이 발생하면 생포를 하려고 준비하였다.

이로 인해 마을 사람들은 외출도 못 하였고, 또한 서청토벌대로부터 멀리 떨어져 있는 관계로 마을 순찰도 여의치 않았다. 그 결과 공비들의 습격에 대한 대비가 효과가 없어 인명 피해를 많이 입는 마을이 되었다.

8. 서청과 제주 4·3

　서청은 북한 공산당의 가혹한 통제를 피해서 부모를 이북에 남겨둔 채 생사를 걸고 38선을 넘은 사람들로 구성된 청년 단체이다. 이들은 대한민국의 선한 일원이 되겠다는 기치를 내걸고 서북청년단을 조직하였다. 서청의 존재 이유를 반공에 두었으며, 일부는 공비 토벌군이 되었고 일부는 경찰 조직으로 배치되었다. 제주 4·3사건 진압에는 제주 단장 김재능이 맡게 되었다.

　당시 제주에서는 향토군부대 연대장이 암살되었고, 100여 명이 한꺼번에 한라산으로 입산해 공비들과 합세하는 등 반공 활동이 큰 어려움에 봉착하는 사건이 발생하였다. 4·3사건과 5·10선거 방해사건 등으로 제주인은 빨갱이라는 억울한 악명을 얻게 되는 계기가 되었다.

9. 서청에 의한 인권학대 사례

◇ 서청 단원들은 마을에서 지도적 위치에 있는 처녀들을 잡아들여 공연히 여맹(여자 빨치산)에 가입 또는 동조자라는 누명을 씌워 발가벗겨 창피 주기 등을 일삼

앉는데 이렇게 폭력에 희생된 처녀들은 피해 사실을 숨기고 두문불출하며 살아야 했다.

◇ 밭에서 혼자 일하는 젊은 여자를 보면 무조건 덮치기도 수시로 발생해 부모들은 가능한 한 이들에게 시집을 보내야 했다.

◇ 마을 이장이나 학교 등 단체 기관장에게 딸이 있으면 성년 미달에도 불구하고 신변에 위협을 가했다. 이장과 기관장의 안전을 볼모로 압력을 가해 딸들을 서청 단원 자신들에게 강제적으로 결혼시키도록 유도하였고, 이에 불응하면 처벌을 각오해야 했다.

◇ 마을 재력가인 경우에는 무조건 야밤에 남몰래 서청 대로 끌려갔다. 며칠씩 구금해놓고 딸이 있는 경우 강제 혼인에 응하든지, 지원금을 내놓도록 종용하였다. 이에 응하면 풀어주었고, 이에 응하지 않으면 고문 등 많은 괴로움을 받았다.

◇ 남편이 공비 협조자로 낙인찍혀 딴 곳에 도피해 숨어 사는 경우 그 부인을 데려다가 남편이 집에 방문한 내력을 이실직고하라고 강요하였다. 남편이 왔다 갔으면 그 흔적을 알 수 있다고 하며 옷을 강제로 벗도록

하는 창피를 주었다.

◇ 아들이 도피자인 여든 살 넘은 고령의 노인이 아들에 대해 대답을 안 하면 곁에 있는 손자를 총으로 위협하여 제 할아버지의 뺨을 때리고 하는 등 이실직고를 강요했다.

◇ 마당에서 도리깨질을 하던 어느 부인은 공비에게 내통한다고 의심받는 남편의 도피 행방을 말하지 않는다고 도리깨로 머리가 깨지도록 맞았다.

◇ 철모르는 아이들을 과자로 유혹하여 집의 마루 밑이나 외양간 등에 숨어 있는 아버지나 형들을 찾아냈다.

◇ 중산간 부락을 해안 마을로 소개시키는 과정에서 몇 날 몇 시까지 마을을 떠나라고 포고령이 떨어진 경우 계속 부락에 남아 있는 사람들은 공비나 공비 동조자로 간주해서 노인, 아이 할 것 없이 전부 사살하라는 명령이 내려졌다.

◇ 소개 포고문이 바람에 찢어진 것이 보이면 그 마을은 공비 소굴이고 공비들의 소행이라고 단정하여 마을 사람들을 괴롭혔다. 이에 마을 사람들은 이를 피하기 위해 도피 생활을 해야만 했다.

◇ 5 · 10선거 때 몇몇 공산주의 골수분자가 선거를 거부한 사건이 화근이 되어 많은 사람들이 억울하게 희생되었다. 선거 거부를 선동했던 주동자들은 한라산으로 입산하였다.

◇ 4 · 3 당시 마을이 불타 없어지거나 소개된 후 원주민들이 나중에 복귀하지 않은 폐허가 된 마을을 일컬어 '잃어버린 마을'이라 불렀다. 이런 잃어버린 마을이 66개 리(里) 134곳(마을)에 달했다.

◇ 부락 출신 공비들이 밤에 마을을 습격해서 주민들에게 입산을 강요했으며, 이를 거부하면 반동분자라고 하여 대창으로 사살했다. 반대로 낮에는 경찰과 서청에 의해 공비 동조자로 색출당하게 된 마을 남자들은 낮이나 밤이나 숨어 살아야 했다.

◇ 공비는 물론, 경찰과 서청이 무서워 산으로 피신한 양민들을 폭도로 간주했었는데, 1949년 3월 제주도 지구사령부가 설치되면서 진압과 선무(宣撫, 민심을 가라앉힘) 병행 작전이 전개되었다. 선무 정책으로 한라산에 피신해 있던 사람들이 귀순하면 모두 용서하겠다는 사면 정책이 발표되었다. 이때 많은 주민들이 하

산하였고, 1949년 5월 10일 재선거는 성공리에 치
러졌다.

◇ 1949년 6월 7일 오후 4시경 견월악 부근 621고지 속
칭 '작은 가오리' 부근 동굴에서 남로당 제주도당 인
민해방군 2대대 사령관 '이덕구'가 사살됨으로써 공
비 무장대는 사실상 궤멸되었다.

10. 북한에서 겪었던 서청의 처형 답습

4·3을 수습하기 위해 제주에 온 서청은 중산간 덕천
리 주민들이 공비에게 식량을 털리자 공비들에게 식량
을 지원해 주었다는 죄명을 씌워 마을 사람들을 구속하
고 고문을 감행한 끝에 이북에서 겪었던 처형 방법을 답
습하여 많은 사람을 모아놓고 사람들이 보는 앞에서 즉
결 처형을 실시하였다. 처형 방법으로는 철창, 죽창으로
찔러 죽이거나 총으로 사살하였는데, 주로 다른 사람으
로 하여금 대리 사살을 하게 하였다.

서청특별대 11중대가 월정리 초등학교에 주둔하고 있
었는데, 이 학교 교사 4명이 불온서적 사건에 휩싸이게

되었다. 2명은 불온서적을 월정리 출신 공비에게서 받았다고 자백하여 풀려났고, 나머지 2명은 누구인지 말하지 않자 중죄로 구속하여 고문 끝에 처형시켰는데, 여러 사람들이 보는 앞에서 풀려난 2명의 교사로 하여금 무자비하게 죽창으로 처형시켰다.

11. 6·25와 피난민 그리고 귀신 잡는 해병대

제주에 4·3사건(1948. 4. 3)이 발발하여 한참인 때, 6·25사변(1950. 6. 25)이 발발하자 서울 피난민들이 물밀듯이 제주로 피난 오기 시작했다. 피난민 중에는 교직자들이 많이 있어서 제주도내 중, 고교 교사로 채용되었다(당시 제주도 교사의 50% 차지함). 그리고 각 마을마다 피난민들이 들어왔고 마을 곳곳마다 장로교회당이 세워져서 마을 사람들과 친화적인 분위기가 조성되자 깡패 기질을 가지고 있는 서청과는 서서히 괴리가 생기기 시작하였다.

서청은 강권으로 인권을 짓밟고 재산을 탈취하려고 제주인에게서 우대를 받고자 하였으나, 피난민들은 사뭇

다르게 친화적이어서 서청 자신들이 스스로 개과천선할 처지에 놓이게 되었다. 서청이 4·3으로 인한 제주와의 인연을 서서히 청산하려고 하는 참에 마침 6·25 전쟁이 발발하였고, 낙동강까지 밀려오는 극한 상황으로 치닫게 되자 제주의 청년들이 해병대 모집에 출정하게 되었다(3기 청년단, 4기 학도병). 제주도 해수욕장(협제, 김녕 등)에서 1주일간 상륙작전 훈련을 이수하고 인천 상륙작전에 투입되었다. 인천 상륙작전을 성공리에 완수한 뒤 서울 수복까지 용맹을 떨치게 되면서 '귀신 잡는 해병'이라고 불리게 되었다. 연간 3만여 명의 해병대가 휴가를 오게 되었는데, 이미 그렇게 괴롭힘을 당했던 서청하고 맞붙게 될 만큼 용감했다. 휴가 올 때는 해병대 정장을 하고 군화를 신고 와서는 죄 없는 우리 아버지, 형을 살려내라고 하며, 백정 놈아! 백정 놈들아! 하고 외쳐대며 싸웠다.

12. 서청이 떠나고 평화가 오다

인권유린과 폭력을 감행했던 서청들은 제주에 눌러 있기가 거북해지자 가족들을 데리고 제주를 빠져나갔다. 서청 단원 혼자만 나가는 경우 남겨진 현지 가족들은 다른 마을로 이사 가거나 눌러 살더라도 기죽고 살아야만 했다.

한라산이 배출한 '귀신 잡는 해병대'들이 서청의 기를 꺾고 선무(민심 달래기) 작전에 의해 많은 입산자가 하산하면서 4·3이 평정되어가자 계엄령이 해제되었고, 작전 중 즉결 처형이 없어지면서 제주에 평화가 찾아왔다.

'귀신 잡는 해병'의 군화 소리에 서청이 사라지고 평화의 동백꽃이 피었다.

13. '귀신 잡는 해병' 평화의 사도 되다

6·25전쟁에서 파죽지세로 밀려오는 북한군과 다부동을 최후의 보루로 삼고 밀리면 동해 바다밖에 없는 진퇴양란의 절체절명의 위기에 맞서 32세의 젊은 우리나라 첫 대장 백선엽 장군이 "나를 따르라 내가 후퇴하면 너

희들이 나를 쏴라"며 선두에 서서 돌격하여 기적 같은 승리를 이끌었던 무렵.

전황이 다급해지자 일본에 주둔하고 있던 태평양 유엔군 사령관 '맥아더' 장군이 급거 한국으로 들어왔다. 수도가 부산으로 천도된 시기에 작전 본부를 방문한 '맥아더' 장군은 급박한 전황을 한국 측 작전 총 본부장으로부터 상세히 보고받은 후 한반도 지도를 펼치고는 전선을 일일이 체크하였다.

얼마 후 '맥아더' 장군은 한반도의 허리를 급습할 작전을 구상하고는 한국 측 작전 총본부장에게 앞으로 1주일 내에 1차로 긴급 상륙 작전을 훈련시킨 해병대 평화의 사도 20개 중대(약 1,000명)를 작전 지역으로 투입이 가능한지를 물었다. 이에 한국 측 작전 총본부장이 가능하다고 답했고, 시간이 급박하여 즉각 병력 모집에 돌입해야겠다고 보고하였다. 수석 부관으로부터 '평화유지군 1차 동원 20개 중대 1,000명 긴급동원령, 1주일 내 작전지역에 수송 가능 확약됨'이라고 보고받은 '맥아더' 장군은 OK! 하고 담배 한 모금을 들이마신다.

작전명 : 평화유지군(平和維持軍) 창설 및 상륙작전

총지휘관 : 아시아 유엔군 사령관 맥아더 장군

부지휘관 : 한국군 총 작전 본부장 OOO

제주 현장지휘관 : 한국군 제1 본부장 OOO

창설 자원 : 한국군 해병대 3, 4기생 20개 중대(1,000명) 1차

훈련 교관 : 해병대 1, 2기생

수송 : 작전지역까지 수송(수송선 2척 제주항, 모슬포항)

목적지 : 위도 38선 이남 인천항

작전 지휘부는 군 수송기로 제주에 도착하자 곧바로 작전에 돌입하였다. 제주시와 북제주군, 서귀포시와 남제주군 담당자를 지정하고 다음날 오전부터 신병 선발에 착수하였다. 건강 상태가 좋은 청년들 중 신장순으로 청년단과 학도병을 선발하여 즉시 훈련장(해수욕장)으로 이송하였고, 훈련복을 입히고 상륙 훈련을 시켰다. 1주일 훈련을 마치고 수송선에 실린 평화유지군을 말없이 한라산이 배웅하였다.

14. 인천 상륙작전과 수도 서울 수복

맥아더 장군이 인천항 앞바다 월미도 5km 지점에서 지휘선 이지스 함을 타고 한국 해병대를 실은 수송선이 도착하기를 기다리고 있다. 정해진 시간에 맞게 도착해야 상륙선으로 갈아타고 발각되지 않은 상태에서 상륙작전을 감행할 수 있게 된다.

수송선이 도착하자 맥아더 장군의 총 지휘하에 상륙선으로 갈아타고 상륙 개시 신호가 발령되었다. 함포 사격에 따라 일제히 굉음과 함께 불덩이들이 포를 빠져나가기 시작했다. 캄캄했던 밤하늘이 삽시에 훤해져서 상륙병들이 뭍으로 올라가는 앞길을 밝혀주었다.

30여 분 동안에 해병대 전원이 상륙 완료하였고, 뒤를 이어 상륙 탱크들이 요란하게 굉음을 내며 상륙하여 인천항 무저항 상륙이 완료되었다. 날이 밝아오자 맥아더 장군의 "서울 진격, OK" 하는 독특한 지휘명령이 내려졌다. 상륙에 따른 부상병과 진격 준비 점검이 끝나고 '진격개시' 명령이 하달되자 탱크들이 움직이기 시작했고, 해병대들이 뒤를 따랐다.

서울까지의 진격 과정에서 몇 곳에서 저항하는 대포

소리가 났지만 탱크 포격이 요란하게 이루어지면서 북한 인민군들이 퇴각했다. 폭음 소리가 점차 줄어들고 오후가 되자 발 빠른 해병대원이 태극기를 들고 중앙청 옥상으로 올라가 태극기를 게양하고 "대한민국 만세, 만세"를 외쳤다. 그 함성이 서울 하늘을 덮었고, 전세가 일시에 호전되기 시작했다. 서울 시민들도 태극기를 들고 거리를 메워나갔고, 이렇게 대한민국의 서울 수복이 완성되었다.

맥아더 장군은 서울 수복이 완료되었음을 보고받고 "OK! 귀신 잡는 해병 용감하다. 평화의 사도들 잘 싸웠다."라며 극찬하였다. 한반도가 다시 만세 소리로 뒤덮이기 시작하였다.

인천 상륙작전을 성공적으로 마치고 수도 서울이 수복된 뒤 국회의사당 광장에서 환영 대회를 개최하였다. 이승만 대통령과 많은 각료들이 참석한 가운데 축사를 맡은 맥아더 장군은 "오늘의 인천 상륙작전 성공과 더불어 수도 서울 수복의 영광은 '귀신 잡는 제주 해병'이 있어서 가능했고, '평화의 사도 제주 해병'이 있어 가능했다."고 높이 평가하면서 한국의 용감한 해병을 치사하였다.

용어 설명 및 참고 내용

● **입산 공비** : 공비 가담 정도와 문맥에 따라 산 사람, 입산자, 입산 공비, 입산 폭도, 입산 무장대(인민 공격대) 등으로 표현함

● **김녕 경찰지서** : 김녕지서, 경찰지서 또는 지서 등으로 표현함

● **각 마을 이장** : 가명임

● **사건 발생일** : 망자의 제사기일 등을 참고하였음

● **증언자 및 참고 자료**

○ 동복리 : 김용택(당시 10세)

○ 김녕리 : 김녕리지

○ 덕천리 : 이대진 전 이장

○ 월정리 : 박서동(당시 박 이장 아들)

○ 행원리 : 김계순(당시 20세)

동복 마을과 4 · 3

덕천 마을과 4 · 3

김녕 마을과 4 · 3

동백꽃은 4 · 3을 상징하며, 반딧불은 평화를 상징한다.

광복이 오던 날

1945년 을유년(乙酉年, 닭의 해). 새벽을 깨우는 닭의 첫 울음 소리는 유난히 호탕한 고개곡교(告開曲交, 하늘을 여는 요란한 소리)로 36년간 잠들었던 우리나라의 긴 잠을 깨우고 있었다.

8·15 광복 전날까지만 해도 캄캄한 밤 구름 낀 높은 하늘에서 미 B-29대형 폭격기 소리가 어둠을 깨고 은은히 들려오면 온 마을이 불을 다 끄고(등화관제) 숨을 죽였다. 밤에도 학교 공부를 하던 필자(당시 초교 5학년)는 공습을 피하여 마을 회관에서 조용히 도둑 공부를 하곤 했다.

그해 여름 염천의 계절이 열렸는지 낮 온도는 33℃를 넘나들고 평년 같지 않은 불볕더위가 절정을 이루고 있었다. 광복 전날까지 살인적인 폭염에 가뭄이 겹치면서 무더운 여름 기세가 끝날 줄 모르고 있었다. 그런데 광복의 날 돌풍을 몰고 온 날씨가 심상치 않게 칠흑 같은 밤하늘에 갑자기 번갯불을 쏘아내며 온 세상을 대낮같이 환하게 밝혀댔다. "콰—쾅, 빠지직" 하늘이 조각날 듯한 천둥소리와 겁나는 벼락소리가 이어지더니 닭의 해에 닭똥만 한 빗방울이 몇 시간을 계속해서 쏟아졌다. 동트는 새벽이 되어서야 언제 그랬나 싶게 성내던 하늘은 36년간 우리나라를 덮었던 먹구름을 모조리 한라산 뒤로 넘겨 태평양 깊은 바다에 수장시켜 버렸다. 아침의 맑은 태양이 찬란한 얼굴을 내보이며 광복의 아침을 열었다.

세상을 바꾸는 하늘의 조화(調和)가 자연에서 먼저 나타났다. 오랜 폭염도 가고, 가뭄에 타들어가던 대지도 단비에 생기를 되찾아 들녘은 파릇파릇하고, 제비들도 하늘에서 활기차게 날아다니고 있었다. 이렇게 하늘과 땅의 기운이 열려 마침내 꿈에 그리던 8·15 광복의 열기가 사람들의 마음에서 식을 줄 몰랐다. 광복일 후 20여 일을 갓 넘기고 있을 때 김녕 마을 안 여기저기서 혼돈의 소란한 징조가 일어나기 시작했다. 일제 강점기 봄에 수확한 보리를 공출한 곡물이 김녕 금융조합 창고에 가득 채워져 있는 것을 되찾아 분배하자는 야단법석이 광복의 열기와 굶주림의 허기에 맞물려 시끄러워졌다.

굶주림의 폭발

광복이 온 해 김녕 마을은 여름을 넘기면서까지 춘궁기가 이어져 한마디로 초근목피(草根木皮)의 고개를 넘기기 힘든 상황이었다. 하루 빨리 보관 창고를 개방하자고 온 마을이 떠들썩하기 시작하였다. 해방으로 인한 치안 부재의 혼돈과 통제 불능의 시기가 계속되었다. 그리고 미처 철수 못 한 30여 명의 일본군 패잔병이 마을 동쪽 약 700m 지점에 있는 톳 가공 공장 창고에 주둔하고 있어서 심상치 않은 공포 분위기도 남아 있는 상황이었다.

보관 창고의 곡식 분배 문제가 해결의 실마리를 보이지 않자 참다못한 마을 사람들이 끝내 폭발하고 말았다. 며칠간 누적된 분노로 해가 저물고 어두워지기 시작하자 마침내 금융조합 하곡 보관 창고 문 앞으로 성난 군중들이 지게를 짊어지고 운집해 인산인해를 이루었다. 힘센 남자들이 모여들어 문을 부수기 시작하였고, 드디어 창고 문이 개문되자 서로 자기 몫을 차지하겠다고 악을 쓰고 달려들었다. 사람들이 보리 가마니에 엉키고 덮쳐 일대 혼란이 벌어졌고, 보리는 힘센 사람의 몫이 되었다.

그런데 숨죽이고 있던 일본 패잔병들이 어떻게 이 소식을 알았는지 이때다 싶어 성난 호랑이로 돌변했다. 독기 가득한 눈에 불을 켜고 칼날을 세우고 적국(미국)에 패한 적개심을 폭발시켰다. 동에서 매 맞고 서에서 분풀이하는 모양새였다. 나라가 패한 것도 억울한데 떠나기 전에 너무 자기들을 무시한 행위라고 분개한 나머지 총칼로 무장한 전투 돌격대를 편성하여 "야!" 하고 돌격해왔다. 운집해 있던 백여 명의 마을 사람들은 갑작스럽게 닥친 습격에 혼비백산하였다. 일대는 아수라장이 되었고, 사람들이 뿔뿔이 흩어졌다. 하지만 미처 피신하지 못한 청·장년 두 사람(안, 한 씨)이 일본군의 총격에 희생당하게 되면서 온 마을은 공포 분위기 속에 휩싸이게 되었다.

이렇게 되자 치안 부재의 시기이지만 이 일의 발생 원인을 백방으로 찾느라 온 마을이 술렁거렸다. 결국은 이 마을에 사는 이 모 씨가 자기 몫을 챙기지 못할 것을 염려하여 마을 사람들 몰래 주둔 일본군에게 고자질했던 사실이 밝혀졌다. 이 사건을 수습하기 위해 마을에서 존경받는 촌장(村長)의 예우를 받고 있는 김 옹(김의순)의 집에 온 마을 사람들이 구름처럼 모여들기 시작했다. 고자질한 사람에 대한 마을 재판을 해야 한다는 아우성이 끊이지 않았다.

사태가 확산되어 자정을 넘기면서까지 김 옹의 집안, 바깥채, 마당까지 수백 명의 마을 사람들이 모였다. 만장일치로 김 옹을 마을 재판장에 추대하여 판결해 주기를 간곡히 요청하였다. 재판장으로 추대받은 김 옹이 드디어 판결을 내렸는데 그 판결이 명판결이었다(해방 후 치안 부재 시 만부득이한 해결 방책이었다.).

"판결한다."고 선포를 한 다음에 "고자질한 이 모 씨가 이 마을에 살고 있으면 온 마을 사람들로부터 악명 높은 밀고자로 낙인찍혀 살아가기가 힘들 터이니 이후 다른 마을로 이주하여 살라."는 판결이 내려졌다. 사건 수습이 마무리되고 피고인(밀고자)은 이후 다른 마을(他里)로 이주하여 살아야 했다. 희생자 두 사람은 장례를 치르게 되었고, 보관되어 있었던 하곡은 분배가 순조롭게 완료되었다. 주둔하고 있던 패잔 일본 군인들은 즉시 미군에 의해 무장해제되면서 본국으로 철수되었다.

1945년 9월 8일부터 인천항에 상륙한 미군에 의해 일본군의 무장해제가 시작되었다.

일본군 무장해제

무질서한 치안으로 잡히지 않았던 곡물로 인한 혼돈이 휘젓고 난 후 김녕 마을에는 평온이 찾아왔다. 가을의 맑은 햇살이 김녕국민(초등)학교 운동장에 쏟아지고 있었다. 학생들은 모처럼 찾아온 가을의 높은 하늘을 만끽하며 앞으로 있을 광복 후 처음 맞이하는 가을 운동회 연습에 한창이었다.

며칠 전 돌발적인 난동을 부렸던 패잔 일본군들을 무장해제를 시키면서 바로 찾아온 미군들이 지프차 한 대를 앞세우고 일본군 트럭의 곱이나 될 것 같은 대형 군용 트럭을 몰고 학교 교정으로 들어섰다. 선생과 학생들이 "와!" 하고 소리 지르며 삽시간에 주위를 에워싸기 시작했다. 지프차에는 USA MP라는 철자가 선명했고, 운전석 옆에는 몸무게 150kg쯤 될 것 같은 뚱뚱한 병사가 탔었는데 뒷바퀴가 반쯤은 내려앉아 있었다.

미군들이 선생들과 대화를 하였는데 벙어리 손짓으로나마 무장해제를 하기 위한 학교 방문임을 알 수가 있었다. 교무실 안에 쌓여 있는 모의 항공기, 모의 초계함, 모의 탱크 등과 교실 뒤 창고에 있는 훈련용 모의 총칼들을 모조리 수거해 트럭에 가득 실었다.

운동장에선 일부 선생님들과 학생들이 방관하는 구경꾼이 되었고, 담당 선생들의 협조하에 학교를 전부 수색하였다. 그리고 방역 팀이 찾아와 일제의 잔재를 모조리 씻겨낼 요량으로 방역기를 지프차에 싣고 학교 구석구석을 방역하였다. 그 후에는 마을로 들어가서 골목길을 방역하느라 온종일 마을을 휘젓고 다녔다. 미군들이 농촌의 극심한 전염병 매개체인 모기를 방제하기 위해 DDT 연막 살포에 나선 것이었다.

뚱뚱한 미 병사가 무거운 몸집으로 옮겨 다니느라 땀을 뻘뻘 쏟으며 고생이 이만저만 아닌데 처음 보는 방역 연막 소독차가 마을 아이들의 동심(童心)을 설레게 하였다. 소독차가 동내 골목길 구석구석에 약품 성분이 섞인 기름 냄새를 풍기는 새하얀 연막을 뿜어내자 개구쟁이 아이들이 모여들기 시작하였다. 아이들은 고생하는 뚱뚱이 병사를 구경거리로 만들며 꽁무니를 졸졸 쫓아다녔다.

풀뿌리, 나무껍질 등으로 연명하던 초근목피(草根木被)의 막

바지 시기에 온 마을 사람들과 아이들까지도 보리밥으로 배고 픔을 해결하게 되니 오랜만에 얼굴에 생기가 돌기 시작했다. 그리고 학교 운동장에서는 가을 운동회를 준비하느라 "청군 이겨라, 백군 이겨라"는 어린 학생들의 함성이 온 마을로 퍼 져나갔다. 축복이 가득한 광복이 온 해(1945년)가 저물어 갔지 만 사람들마다 희망찬 새해를 맞이하려는 가슴 부푼 기대를 품고 있었다.

폭풍전야^(1946년)

영광과 혼돈의 한 해를 보내고 희망찬 새해가 밝았다. 새해를 맞이하게 되니 사회질서는 어느 정도 안정되어 치안이 유지되어 갔다.

봄기운이 도는 아침이었다. 하늘도 유난히 청명해져 한라산이 몸체를 홀랑 드러내었고 구름 한 점 없이 아침 햇살이 눈부시다. 김녕 마을도 평온을 되찾았고 일찍 봄 바다에 나간 해녀들의 "호-이" 하는 가냘픈 숨비(물에서 나와 숨을 뱉는) 소리가 찬 바다 위를 스친다. 전복, 소라, 미역 등을 캐느라 해녀들은 온종일 바다 물질에 분주하였고, 밭에 나간 사람들은 뙤약볕에 조밭 검질(잡초)을 매느라 비지땀을 흘렸다.

학교(국민학교)에는 일본의 패망으로 본국으로 돌아간 일본인 선생(하시카츠키 교장 등) 후임으로 한국인 부보국 교장(제주 조천읍 출신)과 부종휴(구좌읍 출신) 19세 총각 선생이 새로 초임으로 부임해 왔으며, 이외에도 여러 선생들로 채워져 있었다.

> 혈기왕성한 부종휴 선생(5학년 담당)은 일제의 주입식 교육에서 벗어나
> 현대식 자율학습 선진교육에 관심을 가지고 과학반, 탐험반, 음악반
> 을 편성하여 현장 실습 시간 등을 실시했다. 과학반에서는 현미경 확
> 대 실험, 탐험반에서는 한라산 등정과 용암동굴 탐험, 음악반에서는
> 바이올린 연주 등을 추진했다.

 교육열이 왕성한 초임 부종휴 선생은 30명의 신체 건강한
학생으로 꼬마 탐험대를 편성하여 각고의 열정으로 3차의 도
전 끝에 세계적인 용암동굴인 만장굴(단일연장 7.4km: 세계 자연 유
산 등재) 탐험을 성황리에 완성하고는(10월 5일), 그때까지 무명
이었던 굴에 '만장굴(萬丈窟)'이란 이름을 지어 붙였다. 또한 세
계에서 유례없는 동굴 명명식을 거행하면서 학교의 명예를 높
였고, 탐험을 통해 학생들에게 개척 정신을 심어주는 업적을
세웠다. 이에 중등 교육기관인 김녕중학원(교)이 구좌읍면 지
역 최초로 개설 인가를 취득하게 되었고 신입생을 입학시키는
경사가 겹쳐, 김녕 마을은 온통 축제 분위기로 채워져 있었다.
 이렇게 희망찬 한 해가 기울어가고 있었는데 난데없는 삐
라 살포 사건이 돌발하면서 심상치 않은 기류가 일기 시작하

였다. 곧 김녕 마을에 폭풍이 닥쳤다. 좌익 남로당 해방군의 마수가 손을 뻗치기 시작한 것이었다.

> 인간은 주어진 자유보다 쟁취한 자유가 진정한 자유로 이를 향유할 가치가 있다. 또한 인간에게 자유의 소중함은 절실한 권리이다. 우리에게 온 광복(해방)의 자유는 스스로 쟁취해서 얻은 자유가 아니라 어느 날 갑자기 우리들 앞에 주어진 성격이 강했다. 자유가 주어진 주인 없는 집에서 서로가 주인 행세를 하려는 집단들이 하루속히 그 집을 차지하려는 바람이 불기 시작했다. 제주라는 집의 주인이 되려는, 또한 더 큰 집인 국가의 주인이 될 욕심으로 여러 집단들이 수단 방법을 가리지 않게 되었다. 그리고 자유가 있는 곳에 평화의 꽃이 피어야 하는데, 자유는 얻었지만 평화는 오래가지 않았다.

불순한 세력들은 순발력 있게 행동을 개시했다. 판단력이 미흡한 학생들에게 먼저 마수를 뻗었다. 김녕리에서도 제주시에 소재한 전통 있는 중등 교육기관인 제주농업학교에 재학하고 있는 원갑선(가명) 학생에게 접근하여 감언이설로 소영웅적 사상을 주입시켰다. 원갑선(가명)은 고향 마을에서 입산공비 활동의 선봉 역할을 담당하여 많은 인명과 재산 피해를 가져왔다.

공비들은 습격에 유리한 고향 마을의 지형지물을 잘 이용하고, 습격 대상 인물 색출에 용이하며, 식량 등을 탈취하는 데 이점을 갖고 있는 사람들을 세뇌 대상으로 노렸다. 그리고 수단과 방법을 가리지 않고 고향 마을에 침투하여 낮에는 숨어서 작전 계획을 짜고 캄캄한 심야에 활동하라고 전술 지시를 내렸다.

김녕 마을과 4 · 3

　　김녕 마을의 설촌 역사는 대략 기원전 2,000년 전후의 청동기 철기시대이다. 사람들이 마을 인근 궤네기굴(전장 200m의 선사시대 유적지)에 은거하면서 노루와 멧돼지를 사냥하며 살아온 것부터 시작된다. 그리고 인근 입상봉 분화구에서 농경 생활도 해왔던 것으로 조사되었다(서울대학교 임효재 박사팀 '제주선사시대 동굴 유적' 1990.9.3. 제민일보 1면). 이후 수십 세기 동안 이어져 1,000여 호가 되어 제주에서 가장 큰 마을로 커져 일명 '천하대촌'이라 불러 왔으며, 한때는 현청소재지였다(고려 충렬왕 26년). 이 마을은 위도 상 북위 33.3°와 동경 126.5°에 있으며 제주시와 성산일출봉(제주에서 동쪽으로 50km) 중간 지점에 위치하고 있고, 지리상으로 육지와 가장 가깝다. 마을 경내에는 유명 관광지 만장굴(유네스코 세계 7대 경관 명소)이 있으며, 동쪽 바다 쪽으로는 입산봉이 있고, 서쪽으로는 묘산봉이 있어서 마을을 지키는 환경을 조성하고 있다.

김녕리 출신 입산 공비 원갑선(가명)은 김녕 마을을 담당하게 되면서 남로당 제주도당 무장대로 입소하였다. 입산 공비의 일원이 되면서 첫 활동으로 삐라 살포를 시작했다. 삐라 내용은 주로 남한의 단독 선거 반대, 단독 정부 수립 반대, 조선민주주의 인민공화국 주도의 통일정부 수립 촉구와 '밝은 세상 온다.' 등이었다. 무장활동대 조직은 5인을 1조로 하였다.

'원갑선'은 사전에 김녕 마을에 몰래 침투하여 협조자를 확보하고 활동 구역을 동김녕과 서김녕에 각각 1조씩 배치하고, 도로변 주택 올레 문에 삐라 붙이기(여자는 풀칠하기) 등을 하였다. 그리고 마을 중심에 있는 휴식 공간인 팽나무 쉼터와 이장 및 유력 인사들의 집 앞 등에 삐라 살포를 하였다. '원갑선'은 1개 조에 삐라 전단 200매씩 배부하여 삐라를 살포하도록 하였고, 뒤에서 활동을 지휘했으며 삐라 살포가 끝나면 재빨리 도주하였다.

남로당 제주도당이 주도하는 신호탄이 될 봉화가 1948년 4월 3일 새벽 2시를 기하여 일제히 한라산과 바닷가 오름에서 솟아올랐다. 봉화는 단순한 횃불이 아니었다. 구한말 외구의 침투에 대응했던 봉수대 횃불을 연상케 하는 연락망으로서의 역할을 담당하였다. 한라산 중허리의 남로당 제주도당 본부에서 횃불을 올리면 순차적으로 오름마다 올리기도 하였고, 동시에 올리기도 하면서 연락을 주고받았다. 오름마다 올리는 횃불은 그 지역 담당자들 책임하에 상호 연락을 하였는데, 그 내용은 작전 지시를 담고 있었다.

김녕리의 묘산봉에서도 '원갑선'이 관리하는 봉화가 올랐다. 묘산봉 봉화 관리자는 원갑선 조장 외 4명이었다. 한라산 본부에서 보낸 횃불 신호를 중산간에 있는 거문오름에서 받고, 그 신호에 따라 묘산봉에서 올린 것이었다. 봉홧불은 달밤과 우천을 빼고 매일 밤마다 올려졌으며 장소를 옮기면서 다른 지역 오름에서 올리기도 하였다.

며칠 전까지만 해도 평화로웠던 김녕 마을은 봉홧불로 온통 공포의 먹구름으로 뒤덮였다. 마음이 무겁고 청청한 하늘을 쳐다보는 것도 반갑지 않은 분위기로 바뀌었다. 반짝이는 별빛도 싸늘한 눈초리처럼 느껴졌다. 4·3사건이 돌발하자 김녕리는 구좌 서부 지역(지구)의 사건 진압과 사태 수습의 중심지가 되었다. 김녕 경찰지서가 보강되었고, 서북청년단(西北靑年團) 토벌대가 주둔하여 무장대(공비)를 토벌하기 위한 소탕 작전과 민간인에 대한 공비(共匪)와의 내통과 식량 제공을 단절시키기 위한 활동을 수행하게 되었다. 이 과정에서 과격한 진압 작전으로 많은 주민들에게 피해와 인명을 살상하는 행위를 자행함으로써 민심에 많은 상처를 안겼다.

한편, 김녕리 중산간 마을인 덕천리와 이웃 동복리 2개 마을에서 소개(疏開)된 이주민(移住民)들을 수용하는 데 지원에(주거와 식량 지원 등) 어려움이 있었다. 이러한 가운데 마을 자체 방호 단체인 자경대(自警隊 – 민보단, 청년 특공대, 중학교 학련(단) 등)가 조직되었다. 이들이 공비 침입을 막기 위해 성벽 쌓기 등 마을의 조직적인 방호와 체계적인 활동을 펼쳐 다른 마을에 비해 주민들의 피해와 인명 희생을 줄일 수 있었다(김녕리 4·3 희생자는 구좌면 희생자 938명 중 38명으로 4.1% 수준임).

서북청년단

    1947년 9월 대동청년단(大同靑年團)인 반공 우익단체와 동시에 등장한 서북청년단(西北靑年團)은 북에서 월남한 청년들로 조직된 단체이다. 정부에서는 제주에 4·3사건이 발발하자(1948년 4월 3일) 우선적으로 충남, 충북 지원 경찰 100명을 비롯하여 전남, 전북 응원 경찰 222명, 경기도 응원 경찰 99명을 증파하여 강경 대응에 나섰다. 그리고 공비 진압을 돕기 위한 조치의 일환으로 제주에 서북청년단을 급파하여 공비 진압 작전을 펼쳤다.

    서북청년단(서청)은 초기 4·3사건 진압에서 선도적 위치를 확보하기 위하여 단기간인 한 달 만에 공비 및 관계자 500여 명을 검거하는 등 1년 안에 2,500여 명을 구금하는 대거 검거 실적을 올렸다. 이 과정에서 고문치사 사건의 발생 등 공비들의 도발 행위를 제압하기 위한 과잉 진압 작전은 제주 도민의 민심을 자극하여 정부 진압 대책의 큰 고민거리로 등장하였다. 서청은 독보적인 진압 단체의 위치를 유지하고 북(北)의 공산 치하에서 고통받았던 것을 보상받기 위해 제주 공비 진압 작전에서 자기통제를 못 하고 그 성질을 여실히 노출시켰다. 자유민주주의 금도(襟度)에 손상을 끼칠 만한 거친 행패를 부렸다.

예로 4·3사건 초기 김녕 청년회가 주관한 전도 축구 대회에 출전하여 기(氣)를 세우고자 횡포한 축구 시합을 벌였다. 그리고 4·3 진압 과정에서는 특히 중산간 소개(疏開) 마을의 많은 양민들에게 무조건 무장 폭도들과 내통하였고 식량을 제공했다는 명목을 내세워 비인간적인 가혹한 행위를 일삼았다. 또한 마을 유지(有志)들을 구속하여 압력을 가해 금품을 갈취하였고, 심지어 신변을 위협하여 마을 유지들의 여식(女息)과 강제 결혼하는 등 무자비한 만행을 범해도 누구 하나 통제하지 못하였다. 그리고 경찰, 군, 토벌대 등 진압 기관 단체들과도 충돌 내지는 불화합적인 단독 행위를 자행하는 유아독존(唯我獨尊)의 길을 선택하여 결국은 유종의 미를 얻지 못하였다.

횡포 축구 대회

　김녕 청년회가 주관하는 전도 축구 대회(全道 蹴球大會)가 4·3 사건 발발 초기(1949년) 김녕초등학교(국민학교) 운동장에서 1박 2일간으로 개최되었다. 도내에서 규모가 큰 마을의 소속 청년 팀과 학교 팀들이 참석하는 대회였다. 광복을 기념하여 열린 대회여서 의미가 컸다. 제주에서 마을 규모가 가장 큰 김녕 마을에서는 당시 축구 선수층이 두꺼웠기 때문에 대회를 개최할 만한 자존심이 있었다. 김녕 청년회 소속 선수에는 최전방 공격수로 강력한 슈팅과 발재간이 좋고 몸놀림이 유연한 '임재규'(청년회장 겸 김녕 팀 주장), 중앙에는 드리볼의 명수인 '원시협'과 순발력이 강한 '한사섭' 골키퍼에는 키다리(6척) '원시협', 수비진에 롱 킥의 달인 '박희신' 그리고 많은 유명 선수들이 있었다.

　광복을 기념하여 열리는 대회라서 김녕 마을에서는 물론 가까운 구좌읍를 포함한 출전 마을에서 응원팀들이 많이 참석했다. 운동장 주변에는 초등학교 운동회 때처럼 간이식당(簡易食堂)을 비롯하여 각종 먹을거리가 준비된 천막 상품점으로 대성황을 이루었다. 첫날 예선경기에서부터 여러 가지 축구 묘기가 나왔다. 특히 제주농업학교와 오현중학교는 라이벌 의식이 있어서 정말 흥미진진한 게임을 선보였다. 좋은 장면이 연출될 때는 응원 함성이 어느 쪽 편이 되기가 민망스러웠는지 제주농업학교 팀에도 오현중학팀에도 아낌없는 응원 소리가 울렸다. 오현중학교 팀이 선제골을 넣은 순간 운동장이 깨어져라 응원 박수가 터졌다. 하지만 제주농업학교 팀이 뒤따라 골을 터뜨리면서 골을 주거니 받거니 하다가 승리의 여신은 제주 농교 팀의 손을 들어주었고 승리와 응원의 함성이 요란하였다.

김녕 청년 팀은 제주시 화북 팀(도내에서 이전부터 강팀으로 소문난 팀)과의 교전에서 골을 주거니 받거니 하다가 홈그라운드의 이점인지 김녕 청년팀이 3대 2로 승리했다. 대정 팀은 서청특별대 팀과 맞붙게 되었는데 소문의 횡포 축구팀(볼을 차지 않고 사람을 차는 축구)이라는 서청 팀을 경계했다. 첫 게임부터 심상치 않았다. 서청의 축구는 정말로 볼을 차는 축구가 아니라 태권도식으로 사람을 차는 축구였다. 관람석에서 공을 차지 않고 사람을 차는 "축인(蹴人)한다." 하고 야유가 터져 나오자 공을 경기장 밖으로 차버리는 등 신사답지 않은 불손한 태도를 보여 경기가 일시 중단되었다. 잠시 후 경기가 속개되었지만 기(氣) 죽은 대정 팀은 차는 둥 마는 둥 하여 서청 팀에게 손들고 말았다. 이렇게 예선 첫날은 끝났다. 관람석에서 어느 한 사람이 이런 축구를 보는 것은 처음이라고 하며 "어데서 온 축구냐~!"라고 외쳤고, 옆에서 한 사람은 농담 삼아 북한식 축구인 것 같다고 빈정거렸다.

결승전이 있는 날은 겨울을 갓 보낸 쾌청한 봄 날씨였다. 최종 결승전에는 서청 팀과 김녕 청년 팀이 맞붙게 되었다. 황소 한 마리가 사람들 보란 듯이 운동장 한 귀퉁이에 우직하게 서 있었다. 어느 쪽 팀으로 가야 할지 고민하는 것처럼 사람들의 함성 소리에 고개를 두리번거렸다. 결승전 앞서 3, 4위 전인 제주 농교 팀과 화북 팀의 시합이 시작되었다. 학교 팀 승자와 마을 청년 팀의 승자가 한판 붙게 된 셈이었다. 경기는 화기애애하게 진행되었다. 경기는 최종 3대 2로 제주 농교 팀이 3위가 되었다. 3, 4위전 경기가 끝나자 최종 결승전 팀들이 등장했다.

그런데 김녕 청년 팀에서의 파이팅 소리가 별로였다. 서청 특별대 팀이 김녕 청년 팀에 지면 틀림없이 화풀이를 할 것이기 때문인지 승부욕이 보이지 않았다. 잠시 후 심판의 호루라기 소리가 "삑, 삑" 하고 울렸고, 최종 결승 경기가 시작되었다. 곧 경기를 관람하는 관중들은 이상한 눈초리를 보냈다. 축구 경기가 최종 결승전답지 않게 활기를 잃었고, 서청의 일방적인 경기로 흘러갔다. 서청 팀의 사람 차기가 계속되어 김녕 청년 팀은 기력 없이 두 골을 연거푸 서청 팀에 주고 말았다. 결국은 서청 팀에게 우승을 주어버리는, 결승전답지 않은 싱거운 축구 게임이 되고 말았다.

　최종 결승전이 막을 내리자 대회장 앞으로 우승팀들이 나섰다. 우승팀 서청 팀을 우편에 세우고, 준 우승팀인 김녕 청년 팀이 가운데, 그리고 3위인 제주 농교 팀이 좌측에 섰다. 대회 위원장이 "우승 서청 팀" 하고 선언하자 박수가 터졌다. 계속해서 "준우승, 김녕 청년 팀", "3위 제주 농교 팀" 하고 시합 결과를 공표하였다. 대회 위원장이 "우승팀 앞으로" 하자 서청 팀 주장이 앞으로 나섰다. 앞에 세운 황소의 쇠석(코를 뚫은 쇠고리에 맨 밧줄)을 주장에게 인계하는 것을 보고 관중석에서 박수가 터져 나왔다. 대회장이 황소 뒷등 허벅지를 "잘 가거라!" 하고 한 번 '착' 치니 황소가 움직이기 싫은 발걸음을 내딛는다. 시상식을 끝으로 대회가 막을 내렸고, 내려가기 싫은 오후의 힘 잃은 해가 서쪽 바다에서 하늘을 붉게 장식하고 있었다.

미리 마음먹고 있던 김녕 청년 회장이 이튿날 선수단을 집으로 초청했다. 회장은 이미 일본으로 피신할 계획을 세워놓고 있었다. 동시에 청년 수십 명도 일본행을 택하기로 되어 있었다. 회장의 첫말은 "어제 축구 대회를 치르느라 수고가 많았다. 나를 낳고 키워준 정든 고향을 갑자기 뜨자니 친구들 생각이 나서 오늘 초청했다."였다. 이어 "이번 축구 대회는 그(서청특별대) 사람들이 망쳐놓았다. 여기 있으면 무슨 해코지를 당할지 몰라 처자식을 남겨두고 고향을 떠나지만 남은 친구들이 잘 지켜주기 바란다."고 하였다. 그리고는 "그들이 하는 거친 행동을 보니 앞으로 고향이 무사하지 않을 것 같은 예감도 든다." 하고는 남은 친구들에게 잘 견뎌내라고 하며 눈물을 글썽였다. "이번에 떠나면 언제 만나볼지 모르니 다들 탈 없이 몸 건강히 지내기를 바란다."고 작별 인사를 하자 친구들은 "알았어! 타국으로 떠나는 자네들도 무사하기 바란다. 고향과 우리들 걱정은 하지 말라!"고 응답하였다. 마지막 건배 잔을 들었다. "다들 무사하고 건강하자, 위하여!"

마을 유지들에 대한 가혹 행위

　김녕리의 '김만석'은 일제 강점기에 톳 가공 공장을 세워 김녕, 동복, 월정, 행원리 등지에서 생산되는 톳을 가공하여 일본으로 수출하는 사업가였다. 해방이 되자 동김녕 마을 이장을 역임하였다. 이후 4·3사건이 본격화(1948년 4월 3일)되기 전 해인 1947년 12월 5일 '김만석' 본인을 지부장으로 대동청년단 김녕지부를 결성하였다. 1948년부터는 군, 경과 더불어 공비(共匪) 토벌에 일익을 담당했다. 김녕리 유력 인사인 '김만석'은 김녕 마을에서는 마을 유공자(有功者)로 유지(有志)의 예우를 받고 있었다.

　그러나 김녕리를 관장하는 서청(西靑)은 이런 유력 인사들에게 눈독을 들여 금품 요청 대상으로 삼았다. 지역 유지들의 자발적인 금품 제공을 유도하는 목적을 달성하기 위하여 공포와 회유 작전을 펼친 것이다. 유지들의 지금까지의 행적을 왜

곡되게 꾸며서 자백을 강요하였고, 공비(共匪)들에게 금품이나 식량을 제공한 일이 있으면 이실직고하도록 협박, 회유하면서 사실을 털어 놓으라고 압박하였다.

서청에서 어느 날 갑자기 사람들의 인적이 뜸한 늦은 밤에 '김만석'의 집을 찾아와서는 '김만석'을 무조건 서청특별대로 끌고 갔다. 김만석은 무슨 영문인지도 모르는 상태에서 어딘지 모르는 장소에 가뒀졌다. 가족들도 김만석이 어디로 끌려 갔는지 모르는 상황이어서 이웃 친척들에게만 조용히 사실을 알렸다. 김만석이 대동청년단 지부장으로 있으면서 공비 토벌에 협조한 일밖에 없음을 강력히 항변하자 고문이 이루어졌다. 고문 담당자들은 교대하면서 강약 전략을 사용하였고, 가족들로부터의 금품 제공을 유도하는 회유책을 벌였다. 구속된 지 1주일을 넘겨도 아무런 진전이 없자 고문 강도가 한층 더 높아졌다. 하지만 김만석은 요지부동이었고, 결국 서청(西青)에서 작전을 바꿨다. 구속자 고문을 잠시 쉬고 김만석의 몸을 좀 회복시킨 후 일정액을 마련하여 상납하도록 유도하였다.

김만석 본인도 이렇게 구속되어 고문을 당하기보다는 우선 살고 봐야겠다고 마음을 고쳐먹고 회유책에 응하겠다는 의사를 내비쳤다. 이에 서청(西青) 측에서는 김만석에게 "그러면 관련 내용을 일체 비밀로 부칠 것을 약속하라!"고 하였다. 이에 김만석은 "그런 일은 없도록 하겠다."고 하고, "풀어주는 것으로 만족하게 생각하겠으니 그런 걱정일랑 하지 말라"고 하였다. 고문 담당자가 "그러면 윗분과 상의하고 배려해 보겠다."고 회유하였다. 김만석은 잠시 한시름 놓았다.

고문이 멈추었고 이삼일간 지금까지 입은 심신(心身)의 상처를 회복하는 시간을 갖게 되었다. 휴식 기간 4일을 넘긴 아침에 고문 담당자가 나타났다. 우선 얼굴과 몸 상태를 점검하더니 괜찮지 않다고 판단했는지 잠시 기다리라고 하고는 방을 나갔다. 몇 시간이 흐른 뒤 이번에는 윗사람인 것처럼 보이는 나이 든 사람이 밝은 표정으로 들어왔다. "그동안 수고가 많았습니다. 우리가 하는 공비(共匪) 소탕 작전에 협조했었다고 하니 너그러운 아량으로 풀어드리는 것으로 알고, 서로 약속을 지키고 앞으로도 공비 소탕에 많은 협조를 부탁드립니다. 오늘 중으로 풀어드리겠다."고 하고는 방을 나갔다. 김만석은 "알겠습니다. 감사합니다." 하고 해방될 시간만을 기다렸다. 어제와 오늘은 딴 세상인 것처럼 보였다.

시간이 되자 차에 타라고 하였다. 집에서 끌려올 때와 비슷한 밤늦은 시간대였다. 밤이어서 그런지 어디가 어딘지 가늠이 안 되었다. 서청대원이 김만석을 집 앞에 내려놓고 어서 들어가라고 재촉하고 떠났다. 김만석이 집 대문을 두드렸다.

"나 왔어, 대문 열어!"라는 소리에 화들짝 방문을 여는 소리가 귓가에 와닿는다. 부인이 헐레벌떡 맨발로 대문을 연다. 김만석이 집을 떠난 후 여태껏 등불도 안 끄고 밤새 기다렸던 부인은 부엌으로 가서 냉수 한 대접을 들고 와서 남편에게 뿌려대며 액땜을 한다. 그리고 나서 등불에 비친 남편 얼굴을 쳐다보는데, 두 눈에서 눈물이 저절로 흘러내렸다.

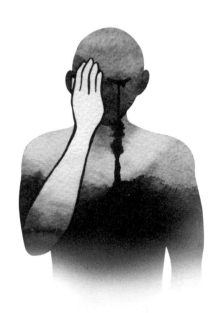

김녕 마을 공비 무장대 습격

무장대 습격

4·3 사건 초기에 김녕 마을에 대한 공비 무장대의 습격이 자주 발생하였다. 1차 습격은 1948년 5월에 벌어졌는데, 무장 공비 20여 명이 김녕 경찰지서를 습격하여 30여 분간 사격 교전을 하다가 승산이 없다고 판단되자 물러갔다. 이때는 상호 피해가 거의 없는 상태로 무장대의 첫 습격은 효과 없이 끝났다.

2차 습격은 1차 무장대 습격이 있던 몇 달 후(8월 1일 오후 3시경) 일어났다. 30여 명으로 추산되는 공비 무장대로부터 김녕 경찰지서가 습격을 받았다. 공비들은 일본군이 퇴거하면서 버리고 간 철모와 제복을 입고 있었고, 소총으로 무장하고 있었다. 무장 공비들의 2차 습격 역시 별 성과 없었다.

3차 습격은 1952년 11월 무장대 40여 명에 의해 이루어졌다.

그들은 김녕 마을을 습격하여 경찰 및 자경대(自警隊)와 교전을 벌였으나 상황이 불리해지자 도주하였다. 이처럼 공비 무장대 습격이 자주 일어나자 김녕 마을에서는 자구책으로 자경대를 발족하였다.

자경대(自警隊) 발족

야밤에 무장대 습격이 빈번해지고 피해자가 발생하기 시작하자 경찰만으로는 마을 방호하기가 어려워졌다. 이에 무장공비들의 빈번한 야간 기습 공격으로부터 마을을 방어하기 위하여 김녕리의 뜻있는 주민들과 청년들을 주축으로 자구책(自球策)을 마련키로 하였다. 민보단(民保團: 마을 방위를 통괄하는 단체), 특공대(特攻隊: 청년들로 된 전투 조직), 학련(學聯)(김녕 중학교 학생단)을 조직했다. 이들을 주축으로 마을 외곽 둘레를 에워싸는 방호 석축을 축성하여 자주적인 방호 활동에 돌입했다.

1) 민보단(民保團)

단원을 18세 이상 55세의 남성 850명으로 구성하였고, 민보단장에 호소력과 덕망 있는 '이한정'을 선출하였으며 여성 대원도 수 명이 포함되었다.

2) 특공대(特攻隊)

민보단원 중에서 건강하고 날렵한 청년 30명으로 구성되었고 군·경 토벌 작전에서 보조 역할을 담당하였다. 그 외에도 방범, 입초(立哨: 망보기) 순찰 업무도 담당하였다. 민보단과 특공대는 경찰을 지원한다는 이유로 공비 무장대로부터 주요 암살 대상이 되었는데, 무장 공비의 마을 습격 때 피살 및 납치된 대원들이 발생하고 특공대원 2명이 피살되었다.

3) 자위대의 활동과 효과

민보단 산하 특공대원에게는 군·경과 동일하게 항시 무기를 소지토록 하였다. 이들의 자발적인 방호 활동으로 김녕리는 무장 공비들의 습격으로 인한 피해를 줄일 수 있었으며, 이웃 마을들(동복, 덕천, 월정, 행원)보다 인명과 재산 피해가 비교적 적었다.

4) 학도호국단 발족(學徒護國團)

김녕중학교 학도호국단 조직을 독려하기 위해 중앙 학도호국단에서 방문하였다. 남로당 침투를 사전에 저지하기 위한 사전 대책 차원에서 마련된 방책이었다. 오전 10시경 김녕중학교 강당에 전 학생이 집합되었다. 단상에서 강사의 열강이 시작되었다. 강사가 "우리나라의 남북 분단은 누구 때문입니까?" 하고 학생들에게 질문들 던졌고, 한 학생이 대답했다.

"일본 때문입니다." 용기 있는 간단명료한 대답이었다. 강사는 "맞습니다. 맞아요. 그러므로 우리는 공비들의 유혹에 속지 말고 학생의 신분을 잘 지켜 이 난국을 헤쳐 나가야 합니다." 하고 4·3사건으로 인한 학생들의 동요를 줄이고, 스스로 지키려는 의지를 높이고자 하였다. 이에 중앙 학도호국단 산하 김녕중학교 학도호국단이 탄생하였다. 이들의 활동으로는 우선 학교 지키기와 마을 초소 경계 근무 등이 있었고, 경찰지서에서 일을 돕거나 방범 활동에 동참하기도 하였다. 학교 야간 경계 근무는 학년별로 조를 짜서 담당하였다.

김녕 마을 첫 희생자 발생

입산 무장대 본부로부터 '원갑선'에게 김녕 마을을 습격하라는 지령이 내려졌다. 김녕 경찰지서 습격과 유력 반동분자를 피살하라는 지시였다. 지령을 받은 '원갑선'은 습격 결행 날짜와 피격 대상자 색출에 골몰하였다. 민간인 피격에는 신중을 기해야 하고 마을 사람들이 미처 모르게 조용히 작전을 짜야 하는 어려움도 있었다. 왜냐하면 그 대상자를 마을에서 존경받는 사람들 중에서 고르고 습격하는 것이 쉬운 일은 아니기 때문이다.

적격자 1호에 '부양은' 노인이 지목되었다. '부양은'을 지목하게 된 이유는 부양은이 북조선 제1기 최고인민회의 대위원 선출을 위한 지하 선거 투표를 요구받았으나 거절하였고, 일제 말기에 마을 이장을 지냈으며, 8·15 해방 후에는 대한 독립 촉성 국민회의를 지지했던 김녕 마을의 대표적인 인물이었기 때문이다. 그리고 아들(부운봉)은 일제 경성제국대학 법학과를 졸업하였고, 1930년대 중국 상해에서 독립운동에 참여하였으며, 8·15 광복 이후 귀국하여 미군정청 교육담당 고위 관료직에 재직하고 있다는 이유였다.

김녕 마을 담당 무장 공비대원 '원갑선'은 무장대 본부로부터 30명의 지원을 받았다. 인력 지원을 받은 다음날 김녕 마을에 몰래 들어가 며칠을 숨어서 기다리다가 구름 낀 달밤을 택하여 '부양은' 노인 댁에 침입하였다. 밤 10시경 공비들의 침입을 알아챈 '부양은' 노인이 김녕 경찰지서로 신고하러 달려가던 중 숨어 있던 무장대에 의해 피살되었다. 김녕 마을에서 첫 희생자가 발생한 것이었다. 공비대들은 '부양은'을 살해한 후 김녕지서를 습격하였다. 하지만 경찰 직원들이 정보를 알고 피신하였기에 습격은 실패하였고, 공비 대원들은 별 피해 없이 마을에서 유유히 사라졌다.

간밤에 무장 공비들로부터의 습격이 있었던 줄도 모르고 조용했던 마을에 아침 해가 뜬 후에야 무장대 습격 사실이 온 마을로 퍼졌다. 삼삼오오 모인 곳마다 지난밤 '부양은' 노인이 피살당한 일에 가슴 아파했다. 이 사건을 계기로 입산 무장대들의 악랄한 짓이 소름끼치는 일이며, 특히 마을에서 존경받는 노인을 살해한 것에 대해 분노하는 목소리가 번져갔다. '부양은' 노인 댁에 모여드는 조객들마다 갑작스러운 피격 사건에 가슴 아파하는 표정이었고, 왜 하필이면 '부양은 노인을 희생 대상으로 삼았을까?' 하는 이야기들로 분분했다.

1946년 읍면에서 유일하게 고향 마을에 김녕중학교 설립 인가를 받아낸 공로가 큰 어른을 잃은 애석함이 마을 사람들의 가슴을 아프게 하였다.

특공대장 피격

　박인주(朴仁周) 특공대장은 유도 고단자(일본 유도 자격증 소지)이며, 8·15 해방으로 고국에 귀국한 지 얼마 안 되었다. 4·3 사건 발발 초기 고향 김녕 마을의 어려운 처지에 격분하여 무술인으로서 특공대장을 자진하여 맡아 군경 공비 토벌에 조력해왔다.

　1948년 9월경 박 대장이 속칭 '논밭두덕' 지경(김녕 마을 서쪽 오름 묘산봉 인근)에서 동내 선배의 조모 장례로 장지(葬地)에서 조문하던 중이었다. 장지에서 한창 매장 예식을 정성 들여 진행 중이었는데, 난데없는 일이 발생했다. 갑자기 험상궂은 얼굴의 공비 무장대 3명이 선흘 마을 쪽에서 습격해 내려온 것이다. 이는 김녕 마을 담당 공비 '원갑선'이가 사전에 정보를 수집해서 주로 야밤을 이용하는 습격을 변경하여 대낮에 습격하기로 마음먹고 분장하고 나타난 것이었다.

묘지를 조성하며 장례를 준비하던 마을 사람들은 방심하고 있다가 혼비백산하였다. 공비 무장대들이 갑자기 숨겨두었던 장검을 꺼내들고 공격을 해오자 박 대장이 조객들 앞을 막아서서 빈손이지만 무술로 대응할 자세를 취했다. 그렇지만 박 대장은 혼자였고, 마을 사람들은 싸울 준비보다는 피해 달아나기 바빠 순식간에 공비 3명에게 포위되었다. 무술을 배웠다고 하지만 3대 1이었고, 빈손이기에 역부족이었다.

박 대장이 유단자인 줄 알고 있던 김녕 담당 공비 '원갑선'이 뒤에서 "야!" 하고 소리치자 박 대장이 뒤를 돌아보는 사이에 공비 대원 한 명이 달려들어 박 대장의 몸에 장검을 찔렀다. 피가 낭자하게 흘렀고 싸움은 금방 끝나 박 대장이 무참히 희생되었다. 현장에 참석했던 조객들은 모두 혼비백산하였으며 그때 김녕 무장대 조장 '원갑선'이 "경고한다. 민보단장 이한정이 다음 차례다. 지금 이 자리에는 처단해야 할 사람이 더 있으나 '박인주' 처형으로 오늘은 이만 돌아가겠다."는 말을 남기고는 산 쪽으로 신속하게 사라졌다.

이렇게 다급한 순간에도 공비들의 처단 대상이었던 이한정 민보단장과 김여문 이장은 재빨리 주위에 있는 상복으로 위장하고 마을 사람들과 함께 달아나 다행히 화를 모면(謀免)했다. 긴박했던 시간이 지난 장지(葬地)는 엉망이었다. 상주들과 조력자들은 못다 한 매장과 희생자 시신을 화급히 수습하느라 분주히 움직였다. 어느 한 사람이 숨을 참고 있다가 "휴-" 하고 내친 후 상주에 다가와 귓속말로 조용히 말한다. "아까 산 사람 무장 공비 중에 대장으로 보이는 사람은 분명히 김녕 사람인 것 같아 보였다." 상주가 "그래요? 그러고 보니 서김녕리 하수동 출신 '원갑선'이가 맞는 것 같기도 한데 위장 때문에 확신하기가 힘든 것 같다."고 대답하였다. 까마귀 여러 마리가 몰려왔다. 껑충껑충 뛰면서 '뒤처리 청소는 우리 몫으로 남겨주고 돌아가세요.'라고 말하듯 "까악, 까악" 한다. 상주들과 마을 사람들은 까마귀들에게 얼른 뒤처리를 맡기고 악몽의 자리를 속히 떠났다.

공산주의 적색사상에 한번 빠지면 혈연, 인륜도 무시하고 자기들에게 동조하지 않는 모든 사람들을 적으로 삼고 무참히 처단하는 일을 적극적으로 행한다. 김녕리 주민들에게 산폭도(입산 무장 공비)가 된 20대의 젊은 놈 '원갑선'에 대한 적개심이 쌓이기 시작했다. '홀애미 자식인 그놈이 평화로운 마을을 쑥대밭으로 만들고 있다.'는 생각이 확산되었고, 마을에서 존경받는 죄 없는 선량한 두 사람을 무참히 사살한 일이 용서가 되지 않았다.

한편 두 사람을 처단하고 난 '원갑선'에게는 '혹시 마을 사람

들이 자기를 알아보고 의심의 눈초리를 보내고 있지 않나?' 하
는 걱정이 생겨났다. 처음에 희생된 '부양은' 어른의 경우는 늦
은 야밤에 마을 사람들이 잠들고 있는 시간대였기 때문에 모
른다 치더라도 이번 박 대장 피살 사건의 경우는 대낮에 일어
난 일이었기 때문에 신분 노출이 안 되었다는 보장이 없다고
생각한 것이었다. 그렇지만 특공대장 '박인주' 피격을 성공시
킨 '원갑선'의 사기는 높았다. 지난번에는 자기 마을(김녕리)에
서 존경받는 '부양은' 어른을 살해하는 성과를 올렸고, 이번에
는 마을 청년들로부터 선망 대상이었던 박 대장을 무참히 처
단하는 데 성공했던 것이다.

김녕 마을 성벽 쌓기 1

벌써 두 사람이나 희생당했고 야밤 습격이 본격화되자 마을 자경을 위한 대책 마련이 절실해지기 시작했다. 김녕 마을에서는 동, 서 마을 이장, 민보단장, 동장 합동 대책 회의가 열렸다. 오전 10시 경에 전원이 참석했다. 동김녕 마을 이장의 모두 발언이 시작되었다. "오늘 회의에 참석하느라 대단히 수고하였습니다." 하고 인사말을 하였다. 사태의 긴박성 때문인지 간단하게 인사한 후 본론으로 들어갔다.

"여러분들이 다 아시다시피 사태는 점점 커져만 가고 한라산에서는 매일같이 봉홧불이 올라오고 있습니다. 이웃 마을 동복과 덕천은 이미 마을 소개 대책을 세워놓고 있으며, 우리 마을은 세 번씩이나 산폭도(무장 공비)들로부터 습격을 받았고, 인명 피해도 두 사람이나 발생하였습니다. 이런 처지에 놓이게 되니 우리 마을도 속수무책으로 당하고만 있을 수는 없습니다."고 하였다. "우리 마을에는 자위를 위한 자경대가 조직되었고, 민보단과 특공대 활동이 본격화되고 있으나 보다 더 강력한 대책이 있어야 할 것으로 생각됩니다. 여러분들 좋은 안이 있으면 제시하여 주시기 바랍니다." 하고 자리에 앉는다. 사안의 심각성 때문인지 섣불리 대답이 안 나온다. 잠시 시간이 흐른 후 한 사람이 말을 꺼냈다.

"대안이나 대책이 무슨 소용이 있습니까?" 하고는 "너무나 크게 밀려오는 파도인 데다가 경찰, 군 당국의 방침을 충실히 따르면 되지 우리 마을만을 지키기 위한 대책이 무슨 소용이 있겠습니까?"라고 말을 했다. 이번에는 옆자리에 있는 서김녕 마을 이장이 한마디 한다. (서김녕 마을 이장은 지금까지 피해를 입은 것은 서김녕 마을 출신 무장대 '원갑선'이 있어서이기에 고민이 많았다.) "다행히 우리 마을에서의 자위대 활동이 타 마을보다 큰 효과를 내고 있어서 피해도 덜 받고 있는 실정입니다. 하지만 앞으로 사태가 더 커질 것만 같고 무장대의 습격이 심해지면 우리 마을도 이웃 마을처럼 소개를 해야 할지도 모릅니다. 그런데 1,000호 가까운 큰 마을이 되어 마땅히 소개되어 갈 곳도 없습니다. 그렇다고 지금 상황에서 주저앉게 되면 큰 화근이 될 것 같으니 좋은 대안이 마련되어야 합니다. 여러분들 중에서 대안 제시가 없다면 제가 한번 제안하겠습니다."고 하였다.

그러나 좌중은 무응답이다. 잠시 후 한 사람(동장)이 일어선다. "아까 서김녕 이장께서 안을 갖고 있다는 뜻을 내보인 것 같으니 한번 이야기해 주시면 좋겠습니다." 하고 자리에 앉는다. 좌중 여기저기에서 "좀 말해 보십시오." 하고 분위기를 잡는다. 이에 서김녕 이장이 "말이 길어질 것 같아 실례지만 앉은 채로 이야기하겠습니다." 하고 말을 꺼냈다.

"현재 무장대 습격이 점점 심해지고 알다시피 이웃 마을들은 소개할 계획이 이미 세워져 있습니다. 우리 마을도 자위대만으로는 마을 지키기가 힘들어 보이고, 이 큰 마을을 소개 않고 견뎌내려면 마을 외부를 돌로 축성하여 성을 싸서 보호할 수밖에 없을 것입니다." 하고 잠시 숨을 고른다. "그리고 우리 마을 출신 입산 무장대가 있어 수시로 마을을 습격해 피해를 주고, 몰래 드나들면서 정보 수집과 식량 등을 탈취해가고 있습니다. 이대로는 도저히 마을을 지키기가 어려우니 하루속히 성벽을 쌓아서 무장대의 진입을 사전에 파악하고 방지하는 방법밖에 없다고 생각합니다." 그리고는 "여러분들 잘 생각해 보시기 바랍니다." 하는 당부의 말과 함께 이야기를 마친다. 서김녕 이장의 말을 들은 회의장은 일시에 긴장감이 돌아 조용해졌다. 어느 한 사람 마땅한 대답을 내놓지 못한다. 좌중의 모두가 이러지도 저러지도 못한 채 조용히 시간이 흘렀다. 잠시 후 정숙을 깨고 다른 동장 한 사람이 큰 목소리로 말했다.

"앞서 말한 서김녕 마을 이장님의 제안 말씀에 저는 전적으로 찬성합니다." 하고 "지금 벌어지는 상황에서는 성을 싸서 마을을 에워싸 방호하고, 산사람들의 진입을 차단하는 방법밖에 없을 것 같습니다. 다른 이웃 마을처럼 소개한다 해도 1,000호에 가까운 큰 마을을 무슨 재주로 소개할 수 있겠습니까? 절대 불가능합니다."라고 하였다. 마을 외부에 성을 쌓아 방어하자는 찬성 의견에 좌중은 더 이상의 대안이 없음을 수긍하게 되었고, 다른 뚜렷한 묘안이 제시되지 못하였다. 잠시 분위기가 가라앉자 이번에는 동김녕 이장이 말을 꺼냈다.

"여러분들의 의사가 성을 쌓는 길밖에 없다고 판단하는 것 같습니다. 맞습니까?" 그 물음에 어느 한 사람이 "그렇게 합시다." 하고 선창하자 좌중은 "그렇게 합시다." 하고 합창으로 무장대 습격에 대한 대책 회의를 마무리 지었다. 동김녕 마을 이장이 "그러면 오늘의 단합된 합의에 의하여 성벽을 쌓기로 결정된 것으로 매듭짓겠습니다. 여러분들에게 부탁드릴 것은 보안을 유지해 주시고, 시급성을 요하는 중대한 일이기 때문에 내일 다시 한번 더 회의를 갖고자 합니다. 내일 참석할 때는 축성 규모 등을 포함한 축성 계획을 구상하여 좋은 안을 제시해 주시면 신속히 진행하도록 하겠습니다." 하고 폐회를 선언하였다.

김녕 마을 성(城)벽 쌓기 계획

이튿날 회의는 어제와 동일하게 10시에 마을 회관에서 열렸다. 동김녕 마을 이장이 회의 개최를 선언하였다. 좌중은 모두 긴장하고 있는지 조용한 분위기였다. "오늘의 주제는 성을 어떻게 쌓느냐 하는 어려운 문제입니다. 여러분들 그 사이에 좋은 방안이 구상되었으면 말씀해 주시기 바랍니다." 하고 간단하게 모두 발언을 하였다. 좌중은 서로가 얼굴만 쳐다보며 말이 없다. 잠시 후 어느 한 동장이 자리에서 일어선다. "저는 뚜렷한 안을 갖고 있지 않습니다. 어제 생각을 해보았지만 김녕 마을이 너무 커서 성을 쌓는 것이 방대한 계획이라서, 그리고 솔직히 말해서 계획을 짤 능력도 없을 뿐만 아니라 저 혼자만으로 짤 계획도 아닌 것 같습니다." 하고 다시 자리에 앉는다. 다른 사람의 말이 없이 시간만 흐르자 시간에 쫓기듯 한 젊은 동장이 일어섰다. "이러한 중대한 일은 개인 한 사람이 짤 일도 못되고 마을을 책임지고 있는 이장들께서 치밀하게 계획을 짜서 이끌어 주어야 하지 일개 동장이 안을 짤 내용이 아니라 생각합니다. 마을 이장의 차원에서 전체적인 안목을 가지고 계획을 세워주시기 바랍니다."고 하였다. 이에 "옳은 말입니다." 하고 좌중 동장들 전원이 동의의 말을 하였다.

동장들의 의견이 이렇게 형성되자 난처한 처지에 놓이게 된 동·서 양 마을 이장은 서로를 쳐다봤다. 이번에는 서김녕 마을 이장이 일어섰다. "여러분들의 말에도 일리가 있습니다. 그러면 오늘은 이만 회의를 끝내고 내일 이 시간에 안을 짜서 제시할 테니 한 분도 빠짐없이 참석해주기 바랍니다."고 말하였다. 이에 좌중은 "네, 그렇게 하겠습니다." 하고 갑갑했던 마음을 비우듯이 속 시원하게 대답했다.

같은 날 동, 서 마을 이장이 마을 서기(里書記)를 대동하고 성 쌓기 계획을 짜기 위해 한자리에 모였다. 서김녕 마을 이장은 이미 성벽 쌓기 구상을 해놓고 있었다. 마을 외곽을 전부 둘러싸도록 동·서 마을 중심에 위치하고 있는 중학교 앞을 중심으로 동편으로 마을 끝까지 이어가고(약 2km), 서편으로는 남흘동 동북쪽(백련사)까지(약 2km) 성을 쌓는 계획이었다. 성을 쌓는 석재는 주변 밭담의 돌을 이용키로 하였으며 높이는 사람이 넘지 못할 정도인 3m에 폭을 견고하게 하기 위하여 밑바

닥을 1.5m 넓이의 복담으로 축성하기로 하였다. 중학교 앞 마을 중심에 성문(城門)으로 남문(南門)을 세우고 동쪽 마을 끝에 동문(東門)을, 서쪽 마을 끝에 서문(西門)을 세운다. 입초소(立哨所)는 남문과 동문 사이에 신산동 초소와 남문과 서문 사이 남흘동 초소를 설치하기로 잠정 계획을 짜보았다는 내용을 서김녕 이장이 제시했다.

동김녕 마을 이장은 그 계획을 듣고서 마음이 흡족했다. "너무 잘 계획된 내용입니다." 하는 말과 함께 수고 많이 했다고 격찬한다. 이 안을 수정 없이 내일 동장들까지 모이는 회의의 안으로 확정 짓기로 하였다.

셋째 날 회의도 어김없이 같은 시간, 같은 장소에 전원이 모였다. 일의 중대성 때문이기도 한 것이었다. 이번에는 서김녕 마을 이장이 주관했다. 인사는 생략했다. "어제 회의에서 위임된 대로 두 마을 이장이 합의로 짜낸 안을 발표하겠습니다." 하고 계획을 설명한다. "성벽 둘레는 마을 외곽 전부를 둘러싸는 총 연장 약 4km가 될 것이며, 마을 중간 지점인 중학교 앞을 중심으로 동편으로 마을 끝까지 2km, 서편으로도 마을 끝까지 2km 이어집니다. 성을 쌓는 석재는 주변 밭담의 돌들을 이용하는 것이 좋겠습니다. 높이는 사람이 월담을 못하도록 3m 정도이고, 폭은 성벽이 쉽게 넘어지지 않게 견고하도록 1.5m 넓이의 복담으로 축성하는 계획입니다. 성문은 중학교 앞에 남문(南門)을, 동편 끝에 동문, 서편 끝에 서문을 세우고, 초소는 남문과 동문 사이의 신산동 초소와 서편은 중학교와 서문 사이 남흘동 초소를 만들기로 하였습니다." 하고 축성 계획을 설명하였다. 이어서 동편은 동김녕 마을에서, 서편은 서김녕 마을에서 책임지고 축성하기로 최종안을 내놓았다.

좌중은 심각한 표정으로 공비 무장대의 공격에 대비한 마을 축성 계획을 조용하게 듣기만 했다. 서김녕 이장의 설명이 끝나자 좌중에서 어느 한 사람이 "수고하였습니다." 하고 선창했다. 이어 다른 동장들의 동의의 합창이 방 안 회의장을 채웠다. "훌륭한 계획입니다." 짜임새 있다고 다들 격찬한다. 좌중에서 한 동장이 일어선다. "더 이상의 훌륭한 안이 나올 수도 없으며, 이렇게 앞으로 만리장성(萬里長城)을 축성하려면 마을 사람들을 동원할 수밖에 없기에 구역을 지정하여 성 쌓기에 돌입해야 할 것 같은데, 혹시 3개의 문과 초소를 세우는 것에 대한 동, 서 김녕 마을 이장님들의 복안이 있습니까?" 하고 답변을 요청한다. 이에 동김녕 마을 이장이 답변에 나섰다. "이는 이장으로서 당연히 책임질 문제이고, 남문이 마을 중간에 있으니까 동서 마을이 공동으로 세우고, 동문은 동김녕 마을에서, 서문은 서김녕 마을에서 책임지고 세우면 될 것입니다.

초소 두 곳도 각 소재 마을에서 책임지면 될 것입니다."고 말했다.

이만하면 여러 동장들이 충분히 받아들였으리라 보고 다음부터는 각 동장 회의에서 축성 날짜와 동원 계획을 협의해 가면서 축성에 들어가는 것으로 결정하였다. 동김녕 이장이 "앞으로 많은 어려움이 있을 것이므로 진행에 차질 없도록 협조하여 주시기 바랍니다." 하고 회의를 끝냈다.

김녕 마을 성(城)벽 쌓기 2

　지난밤에는 유난히 봉화가 기승을 부렸다. 한라산 중턱에서 봉화가 셀 수 없이 올랐고, 오름마다 횃불이 봉우리를 차지한 것 같았다. 먼저 한라산에서 봉화가 오르면 거문 오름을 거쳐 김녕 묘산봉에서 받아 올리는 것이 한 가지 코스였다.

　묘산봉에서 봉화 세 개가 올랐다. 공비 무장대가 오름을 다 차지해서 봉화를 올리고 있었다. 서김녕 마을 이장은 묘산봉과 가까운 곳이어서 3개의 봉화가 오른 것을 보고서 마음이 조급해졌다. 하루속히 성벽을 쌓아야겠다는 조바심에 동김녕 마을 이장을 찾아 나섰다. 동김녕 마을 이장도 이심전심하여 서김녕 마을 이장이 조급한 생각으로 찾아올 줄 미리 짐작하였다.

　서김녕 마을 이장이 말을 먼저 꺼냈다. "어젯밤에 봉화가 올라오는 것을 보니 곧 공비 무장대의 활동이 심해질 것 같은 예감이 듭니다. 속히 성을 쌓아야 되지 않을까 생각합니다." 이에 동김녕 마을 이장도 같은 생각임을 내비친다. 내일이라도 동장들을 소집하여 성 쌓기를 속히 추진하기 위해 마을 회의를 열기로 확정한다. 이렇게 하여 동, 서 마을 합동 동장 회의가 다시 열렸다. 이번에는 서김녕 마을 이장이 주관했다.

"여러분들도 어젯밤에 봉화가 오르는 것을 보고 감이 생겼을 것으로 압니다. 머지않아 무장대 습격이 심해질 것 같은 예감이 듭니다. 그래서 오늘 회의를 갖고 마을 성(城) 쌓기를 속히 시작해야 되지 않을까? 하는 조바심에서 오늘 회의를 열게 되었습니다." 하고 모두 발언을 한다. 다음에는 동김녕 마을 이장이 나섰다. 동김녕 마을 이장은 이미 성을 쌓기 위해 어떻게 마을 사람들을 동원할지 구상을 해놓고 있는 듯했다. 거침없이 계획한 내용을 설명하기 시작한다. "우선 현재 중간 지점인 남문을 중심으로 하여 동은 동김녕 마을에서 맡아 축성하고, 서는 서김녕 마을에서 맡으면 될 것입니다. 신속히 완성하기 위해서는 동김녕 마을은 두 팀으로 분담하여, 남문 시작 팀과 동문에서 시작하는 두 팀으로 쌓기 시작하면 효율적으로 완성할 수 있을 것입니다. 서김녕 마을도 이와 같이 두 팀으로 성을 쌓기 시작하면 될 것입니다."고 하였다. "출역 동원은 가가호호를 원칙으로 하고 건강한 사람 1명씩 의무적으로 출역하고, 가까운 주변의 밭담의 돌을 사용해야 하기 때문에 우마차는 필요 없으며 지게와 골체(삼태기) 등을 준비하되, 여의치 않은 사람은 등짐으로 해낼 수밖에 없을 것입니다."라고 말했다.

성을 쌓는 작업에 대해 마을 사람들에게 하루 동안 안내하고 모래부터 시작해야 하는 것이므로 각 동장들은 인력 동원에 적극 협조해야 하는 것으로 강력하게 추진하였다. 무장대 습격이 코앞으로 닥쳤으니 이장으로서도 이런 수단을 쓸 수밖에 없는 일이었다. 서김녕 마을 이장이 "질문이 없으면 이대로 진행해도 좋다는 의사로 알고 진행하겠습니다." 하고 회의를 매듭짓겠다는 말을 하자, 좌중은 어쩔 수 없는 처지임을 수긍하고 "알겠습니다." 하고 동의하였다.

김녕리의 성 쌓기 계획이 매듭지어지자 한 동장이 그제야 질문에 나선다. 일단 매듭지어진 계획에 대한 질문이 아니고 앞으로 있을 일들에 대한 이야기라고 하면서 "축성이 시작되면 완성 기간을 며칠을 보고 있는지와 축성이 완료되면 세 곳(남, 동, 서문)과 두 곳 초소에서 근무할 계획은 서 있는지 그리고 근무 인원은 몇 명씩 해야 하며 지휘 감독은 누가 책임지는지도 알고자 합니다."고 하였다. "그리고 세 곳의 문 개방과 닫는 시간은 정해져 있는지도 알고자 합니다."고 덧붙여 물었다. 마을 사람들이 미리 알고 있어야 하기 때문에 알고자 하는 것이었다. 동김녕 마을 이장이 답변에 나섰다.

"축성 완정 예정은 지금으로서는 확답할 수 없는데, 순조롭게 진행된다 해도 대충 수개월이 걸릴 것 같습니다. 세 곳의 문 경계와 순찰반은 남성으로 구성하여 밤낮으로 운영해야 할 것이고, 2곳 초소는 여성으로 구성하여 밤에만 근무를 서면 될 것이므로 각기 10명씩 짜면 될 것으로 생각합니다."고 하였다. 그리고 "문을 개방하는 것은 일출(日出)시에 문을 열고 일몰(日沒)시에 달도록 해야 할 것 같으니, 우마(牛馬)를 방목하는 사람들은 방목장 형편에 맞춰 이용하면 될 것 같다."고 답변하였다. 그리고 모든 관리는 마을에서 책임지고 운영하게 될 것이므로 계획이 확정되면 각 동장에게 알려드리겠으니 많은 협조를 당부한다고 하고 회의를 마감하였다. 이렇게 며칠간의 토론 끝에 드디어 공비 무장대로부터 김녕 마을을 보호할 만리장성(성벽) 쌓기 계획이 매듭지어졌다.

축성 쌓기 첫날 아침 마을 사람들이 가가호호 작업장으로 나오기 시작했다. 일찍부터 각 동장들은 반장들을 통하여 사람들의 작업 장소를 이미 각 호마다 통보해 두었다. 동, 서 마을에서는 동별로 정해진 구역마다 2개 동씩 축성 장소에 모이는 것으로 알려져 있었다. 동김녕 마을은 동문 작업에 동성동, 고봉동 2개동이, 남문 작업에 청수동과 신산동이, 서김녕 마을에서는 서문 작업에 용두동과 한수동, 남문 작업에 대충동과 남흘동 등 각 2개 동씩 할당되었다. 시간이 되니까 지정된 장소마다 사람들이 모였다.

사람들이 각자 짊어온 도구는 지게가 태반이었다. 그리고 니어커도 몇 개씩 가지고 왔다. 지게는 각 호마다 한두 개씩은 가지고 있었는데 이번에 작업에 가지고 나온 지게는 '선흘 땅달기'라는 사람이 공급한 것이었다. 선흘곶(선흘 마을 인근의 곶자왈)에서 자라는 단단한 참나무로 가볍게 만들어진 '선흘 땅달기'의 특허품이었다. 크지도 않고 부녀자들도 이용하기 쉽게 만들어졌으며 밭에 나갈 때나 바다에 물질하러 갈 때도 이용하는 것이었다. '선흘 땅달기'라는 별명은 그 사람의 키가 작달막하다고 해서 붙여진 것이었다. 아이들이 지게를 팔러 온 '선흘 땅달기'를 만나서 "선흘 땅달기 아저씨 안녕하세요." 하고 인사하면 "고맙다." 하고 다정하게 인사를 받아주는 매너 있는 사람이었다.

노역자들이 가져온 지게에 골체(삼태기)를 넣고, 지게 짐틀에는 돌을 넣을 수 있도록 새끼줄로 양쪽을 단단히 엮었다. 사람들이 점심도 챙기고 왔고, 점차 작업의 윤곽이 나오기 시작했다. 힘센 젊은이들이 줄이 쳐져 있는 양쪽 어귀에 큰 돌로 기초를 넣으면 노약자들은 그 안을 작은 돌로 메워나갔다. 이렇게 하여 성 쌓기가 김녕 마을에서 동시다발적으로 시작되고 진행되었다.

축성하기 시작한 지 며칠이 순조롭게 진행되더니 마침내 사흘째 날 산폭도들이 서김녕 마을 남흘동을 습격하였다. 이번 습격은 양민 학살 습격이 아니라 식량 약탈을 주목적으로 야밤에 3인 1조로 한 2개 팀이 습격했다. 김녕 마을이 성을 쌓는다는 것을 알고 앞으로 식량 확보가 힘들 것을 염려한 습격이었다.

남흘동(南屹洞) 마을은 한라산을 향한 서남쪽에 위치해 있어 남쪽의 산 모양 마을이라 붙여진 이름이다. 사이좋게 백여 호가 옹기종기 모여 있는 평화로운 마을이다. 김녕 마을 본동과 조금 떨어져 있는 곳에 마을이 형성되어 있어서 김녕 경찰지서와는 1km쯤 떨어진 곳이었다. 남쪽 묘산봉 쪽에 위치해 있어 산폭도들로부터 습격하기 좋은 곳이라 야밤에 김녕 마을 습격의 단골 장소였다.

구름 낀 달밤 10시경에 남흘 동장집과 이웃집에 습격이 있었다. 동장집에서 기르는 강아지가 "컹, 컹" 하고 짖어대기 시작하였다. 습격 공비 한 사람은 올레 문 쪽에 숨어서 망을 보고, 두 사람은 고팡(집에 딸린 창고를 말하는 제주 방언)에서 식량(보리

^쌀) 항아리를 털어갔다. 남흘 동장은 축성하느라 피곤한 탓에 잠이 들어 개가 짖는 소리도 듣지 못했다. 순식간에 산사람 둘이 보리쌀을 마대에 담고 올레 문을 빠져나갔다. 동장이 개가 짖어대는 소리에 깨어 창문을 열고 "거기 누가 왔나?" 하고 소리 내는 순간 대문 밖으로 뛰어가는 발자국 소리가 났다. 동장이 잠에서 깰 때 산사람들은 벌써 멀리 달아나고 있었다. 동장은 식량이 털린 줄도 모르고 다시 잠을 청하고 말았다. 아침이 밝자 동내가 뒤숭숭하였다. 이웃집에서는 산도둑이 식량을 털어갔다고 야단법석이었다. 그제야 동장이 혹시나 하고 고팡(^{창고})에 가서 항아리 안을 보니 보리쌀이 한두 톨 정도 남아 있었다. 어젯밤 남흘동에 산폭도가 습격하여 식량을 털어갔다는 소문이 연기처럼 온 마을로 번져갔다.

남흘동 식량 탈취 사건이 발생했어도 성 축성 작업은 계속 진행되었다. '하루속히 성벽이 완성되어야 산폭도들로부터 마을 습격을 방지할 수 있을 것이다.' 하고 마을 사람들이 결심한 것이었다. 이장들은 쉴 틈 없이 성 쌓는 현장을 방문하여 독려에 나섰다. 서김녕 마을 이장이 동김녕 마을 이장을 찾아갔다. 남흘동 식량 탈취 습격 사건 이야기를 하고 속히 축성에 속도전을 내어야 하겠다고 하였다. 동김녕 마을 이장은 혹시 오늘밤에도 습격이 오지 않을까 하는 노파심이 생겼다. "그놈

들도 성을 다 쌓기 전에 한 톨의 식량이라도 더 털어갈 계획을 세웠는지 모를 일입니다."고 걱정한다. 서김녕 마을 이장도 그 말을 듣고 보니 그럴 법한 것 같아 자리를 뜬다.

얼른 자리를 뜨는 서김녕 이장을 보는 동김녕 마을 이장은 자기 동내에 피해가 없어서인지 조금은 느긋한 편이었다. 혹시 이쪽저쪽 가리지 않고 다발적으로 습격이나 해오지 않을까 하는 걱정이 생겼지만 서김녕 이장만큼 절실하지는 않았다.

초소 먼저 짓기

　일주일 넘어 계속되는 성 쌓기 작업에 마을 사람들을 쉬게 할 반가운 봄비가 아침 새벽부터 제법 세차게 내리기 시작했다. 제사상에 올리는 고사리를 키울 봄 장맛비였다. 성을 쌓는 마을 사람들에게 연락을 하지 않아도 스스로 자동 연기가 되었다. 새벽잠에서 빗소리에 잠이 깬 서김녕 이장은 자다 남은 잠을 청했으나 잠이 안 왔다.

　'어떻게 하면 산폭도들로부터 습격을 막아낼까?' 하는 생각에 잠이 달아나고 말았다. 습격을 미리 알면 좋겠다는 생각이 스쳐간다. 현재 진행 중인 성 쌓기 계획을 변경하면 좋을 것 같았다. 남흘동을 침입하는 길목에 먼저 초소를 설치하면 침입을 예방할 수 있을 것이라는 생각이었다. 세차게 내리는 비를 뚫고 우비를 입은 이장은 조반을 먹기 전에 동장집 4곳을 한 바퀴 돌았다. 축성 계획을 변경하여 산폭도들이 잘 다니는 남흘동 길목에 초소를 먼저 설치하여 습격을 막기로 하자고 하였다. 동장들은 일제히 좋은 발상이라고 동의하였고, 비가 개면 남흘동 초소부터 먼저 짓기로 하였다. 그제야 마을 이장은 마음이 좀 놓였다. 비는 3일간 계속되었고, 마을 사람들은 충분히 몸이 풀렸다. 비가 개자 마을 사람들은 자동적으로 성 쌓기가 계속되는 줄 알고 다들 현장에 모였다.

성 쌓기가 재개됨과 동시에 일부 사람들을 동원하여 초소 짓기가 사흘에 걸쳐 이루어졌다. 초소를 완성하자 남흘동 사람들은 마음을 한숨 돌리게 되었고 밤잠도 달게 잘 수가 있었다. 그리고 그렇게 자주 습격해오던 산폭도들의 습격도 잠시 잠잠하였다. 며칠 쉬고 난 마을 사람들이 성 쌓기에 속도를 냈다. 쉬었기 때문이기도 하지만 그동안 성 쌓기가 능숙해진 것이었다.

대대적인 공비 습격

어젯밤 식량 탈취 습격이 있었던 남흘동은 언제 그런 일이 있었나 하고 조용한 밤을 맞이하고 있었다. 지난번 습격이 있던 날 밤처럼 구름 낀 달밤이었다. 집집마다 사람들이 잠들었는지 불이 켜져 있는 집이 몇 곳밖에 없는 야밤이었다.

김녕 마을 담당 무장대 행동대장 '원갑선'이 지휘하는 산폭도 습격이 어김없이 오늘 밤도 남흘동에 발생했다. 성 쌓기가 끝나기 전에 식량 확보에 혈안이 된 것이었다. 지금까지의 습격보다 규모가 컸다. 3인 1조로 5개 팀을 구성하여 침입해왔다. 1개 팀은 운반을 담당시켰다. 이번 습격은 마을 외곽에 있는 집을 지목하였고 특히 소를 갖고 있는 집을 털기로 하였다.

'원갑선'이는 마을 골목길도 훤히 다 알고 있는 처지였기에 쉽게 작전을 세울 수 있었다. 좀 넉넉히 살고 있다 싶은 집을 털기로 하였다. 1팀은 소를 키우는 집에서 소를 끌고 오도록

089

지시하였다. '원갑선'의 작전 시작 신호불이 오르자, 습격조들이 재빨리 행동에 들어갔다. 지정된 집에 침투하였고, 식량을 털고 나오는 시간은 약 10여 분 내외가 걸렸다. 운반 팀은 쇠막에 있는 소를 중간 지점의 길로 끌고 나와 있다가 탈취한 곡식을 담은 마대를 소 등에 실어서 급히 떠났고, 습격은 금방 끝이 났다.

외곽에 있는 집이 털려서인지 그날은 동네 강아지도 짖어대지 않았다. 아침이 밝아오자 지난밤에 무슨 일이 있었던 것 같은 예감이 들어 서김녕 남흘 동장이 동네 한 바퀴를 돌아보는 길에 한 집에서 "우리 집 소가 없어졌다."고 야단법석을 떨었다. '웬일이냐?' 하고 들어가 살펴보니 산사람들의 소행인 것으로 생각되어 동네 사람들에게 속히 고팡 쌀독에 곡식이 없어졌는지 들여다보라고 지시하였다. 마을 전체가 삽시간에 혼란해졌다. 잠시 후 "산사람에게 쌀 도둑맞았다." 하고 동장 앞으로 여럿이 헐레벌떡 모여들었다. 털린 집은 무려 11집이나 되었다. 수단과 방법을 가리지 않는 대담한 쌀 도둑 사건이었다. 그제 밤에도 털렸는데 어젯밤까지 털렸으니 속이 좋지 않았다. "왜 우리 동네에서만 곡식을 털어 가느냐? 이러다 보면 우리 동네 곡식은 한 톨도 안 남겠다." 하고 동장이 분통을 터뜨렸다.

당시 서북청년단을 포함한 경찰에서는 마을에서 식량을 탈취해가는 습격에는 관심을 덜 가졌다. 주로 중산간 소개(疏開) 부락에서 산폭도들에게 식량을 대어주는 사람을 색출해내어 처벌하는 일만 집중적으로 수사하였기 때문에 많은 양민들이 피해를 입었다. 생명을 유지하기 위해서는 이러지도 저러지도 못하는 처지에 놓여 있는 마을 사람들의 희생이 컸다.

　서김녕 마을 이장은 연달아 무장대로부터 습격을 당하고 보니 마음이 괴로웠다. 그래서 피해 입은 남흘동 사람들에게 성 쌓기 출역을 하루 동안 중단케 하고는 동김녕 마을 이장을 찾았다. 동김녕 마을 이장은 계속되는 마을 습격에 격분한 나머지 성 쌓기에 바쁜 시간을 무릅쓰고 찾아온 서김녕 마을 이장을 위로하고 앞으로 계속될 것 같은 식량 탈취 습격을 어떻게 하면 방지하여야 할 것인지 고심했다. 그렇다고 성 쌓기를 포기할 수도 없는 일이고, 혹시 성 쌓기를 포기하면 산폭도들에게 우리 마을이 항복하는 꼴이 되어 앞으로도 계속 습격이 있을 것이 뻔했기 때문이었다. 어떠한 어려움이 닥친다 해도 이를 극복하고 이겨내어야 할 것이기 때문에 마을 주민들을 독려하여 성 쌓기를 속도전으로 더욱 열을 올려 축성을 완성하자고 결의하였다.

김녕 만리장성^(萬里長城) 완성

성 쌓기를 시작한 지 장장 3개월 만에 총연장 4km에 달하는 성 쌓기를 완성하였다. 동김녕과 서김녕 마을 이장은 각 동장을 소집하여 그 사이에 남흘동 습격을 당한 것 말고는 무사히 성 쌓기를 완성한 데 그간의 노고도 치하하고 앞으로 초소 근무 계획을 세우기 위해 모였다.

회의장에는 동장 전원이 모였고 그동안 성 쌓기에 수고한 흔적으로 전원이 검게 탄 얼굴을 하고 있었다. 그러나 다들 표정이 밝았다. 동김녕 마을 이장이 모두 발언에 나섰다. "여러 동장님들 성 쌓느라 정말 수고가 많았습니다."고 하고 그간의 큰 사고 없이 성을 완성한 것에 대하여 격찬의 말을 꺼냈다.

"이렇게 튼튼하게 4km여의 긴 성을 쌓아놓은 것은 다른 마을에서 볼 수 없는 우리 마을만의 4·3사건을 자력의 힘으로 이겨내겠다는 강한 의지의 증표입니다."라고 말하였다. "적들도 이러한 강한 의지를 넘보고 감히 습격해오지 않을 것이라 믿어 의심치 않습니다."고 하자 "그렇습니다." 하고 동장들이 박수로 답례하였다.

이렇게 격찬의 말을 끝내자 다음에는 서김녕 마을 이장이 앞으로 나와 성문과 초소에서 근무해야 할 일에 대해 설명을 시작했다. "내용을 간단히 설명하겠습니다." 하고, 문(門)은 "동문, 남문, 서문 3곳이며, 각기 초소가 겸해 있는데, 동문과 남문 사이 신산동 초소가 서문과 남문 사이에는 남흘동 초소가 있습니다."고 하였다. 근무는 "동김녕 마을에서는 동문을 동동과 봉지동이 책임지고, 신산동 초소와 남문 초소는 신산동과 청수동이 책임지게 됩니다."라고 하였다. "서김녕 마을에서는 서문을 한수동과 용두동이 책임지고, 남흘동 초소와 남문 초소는 남흘동과 대충동이 책임져야 할 것입니다." 이에 동장 한 사람이 "그러면 초소마다 몇 사람씩 근무해야 합니까?" 하고 물었다. "초소마다 10명씩 남자들로 당번을 편성해서 경계 근무를 해야 하고, 지난번 공비 습격 후부터는 여성 근무는 안 세우기로 하였습니다."고 서김녕 이장이 답변하였다.

또 한 사람이 질문에 나섰다. "입초(서서 하는 경계 근무)는 몇 사람씩 해야 하며 무엇을 가지고 근무를 서야 합니까?" 하자 "입초에는 2명씩 교대 근무를 하고 철창을 갖고 근무하고, 철창은 리(里)에서 공급하게 됩니다."고 응답하였다. "그리고 청년 특공대원들이 수시로 기동 체제로 초소를 순찰하게 된다."고 덧붙였다. 다음으로 다른 사람이 질문에 나섰다. "동, 남, 서문을 열고 닫는 시간은 어떻게 정하였습니까?" 하고 물었다. "농사일 때문에 낮에는 일출(日出)시에 개문(開門)하고, 일몰(日沒) 이전에 모두 들어올 수 있도록 일몰 후에 폐문(閉門)하게 하여 공비 폭도로부터 보호하게 됩니다."고 하였다. "특히 우마(牛馬)를 방목하기 위해서는 3일에 한 번씩 개방된다."고 하였다. 이렇게 하여 대략적인 내용 설명이 끝나고 의문 사항이 해소되었다. "더 이상의 질문이 없으면 이것으로 끝내겠습니다."고 하고 경계 근무에 대한 내용을 마쳤다.

이어서 동김녕 마을 이장이 끝맺는 말을 하였다. "여러분들 어렵고 힘든 대업인 성 쌓기를 끝냈으니 이제 남은 것은 습격해오는 무장 폭도를 막는 일뿐입니다. 고생이 되겠지만 초소 근무에 만전을 기하여 마을 사람들을 보호하고 마을 안전을 기해야겠습니다."고 격려하였다. 그리고는 "밭 농사일하는 마을 사람들과 바다에 물질하러 가는 해녀들의 생업에 지장이 없도록 주민들에게 성문을 열고 닫는 시간을 잘 알려 혹시나 나간 사람이 못 들어오는 일이 없도록 사고 예방에 주의를 기울여 달라."고 부탁하였다.

기습적인 공비 습격

1952년 11월 20일 '원갑선'이 이끄는 무장대 40여 명이 남흘동 초소를 습격하였다.

구름 낀 달밤이 깊어지는 10시경이었다. 남문 초소에는 5명의 성인 남성과 4명의 소년 중학생이 근무를 맡고 있었다. 2명씩 입초 근무를 하는 가운데 첫 번째 당번 학생 2명에 대한 교대 시간이 되었다. 두 번째 근무자 2명이 대기실을 나와 입초소에 올라서는 순간이었다. "퉁" 하는 소리와 함께 갑자기 성벽을 쌓은 담이 무너지고 줄줄이 허물어지기 시작했다. 순간적으로 무장대 폭도들이 습격한 것으로 판단되었다. 한 학생이 "폭도가 나타났다." 하고 소리쳤다. 다른 학생은 겁에 질려 "폭―, 폭―, 폭도" 하는 소리를 겨우 내고는 나무숲이 있는 곳으로 숨어버렸다.

같은 시간 무장대가 습격해온 줄도 모르고 볏짚으로 새끼를

꼬며 입초 교대 시간을 기다리고 있던 남자 근무자 5명이 있는 대기소를 20여 명의 폭도들이 습격했다. "손들어" 하는 폭도들의 소리에 겁에 질린 대기자들을 앉은 자세에서 양손을 머리 위로 번쩍 들어 올렸다. 폭도들은 재빨리 벽에 세워져 있었던 근무자들의 철창(鐵槍)을 탈취하여 무차별하게 손들고 앉아 있는 남자 대기자들을 찔러 죽이기 시작하였다. 대기소 안은 "악, 으악" 하는 비명 소리와 선혈이 낭자한 아비규환의 지옥도로 변하였다. 그리고 확인 사살하는 총알이 다섯 번 울렸다. 경비를 서고 있던 청년들을 무참히 사살하고 난 무장대 폭도들은 성벽을 넘어 재빨리 빠져나갔다.

다른 무장 공비 팀은 여성 초소(남흘동 초소)에 들어가 4명의 여성 근무자를 초소 밖으로 끌고 나왔다. 여성 경비원들이 애원해봤자 아무 소용이 없었다. 잡힌 소녀들이 겁에 질려 길바닥에 주저앉아 캄캄하여 "도저히 걷지 못하겠다."고 애절하게 부탁하였지만 무장 폭도들은 소녀들을 에워싸고 군화로 허벅지를 차며 일어서라고 윽박질렀다. 그러다 겁에 질린 소녀들의 울음소리만 커질 뿐 납치하기가 힘든 상황에 처하자 자기들끼리 고개를 흔들며 처치해 버리는 결정을 내렸다. 결국 인솔 담당자의 총부리가 소녀들을 향했고 "탕, 탕, 탕, 탕" 하고 총을 쏘았다. 3명의 소녀가 죽고 한 소녀는 다리 관통상으로 기절하였는데, 다행히 생명에는 지장이 없었다. 이튿날 새벽이 되자 지난밤 총성에 또 무슨 일이 일어났구나 하고 찾아온 남흘동 주민들에 의해 한 소녀는 구조되었고 나머지 사망자의 시신들은 가족들에 의해 수습되었다.

희생자 남성 5명 사망, 여성 모두 15세 미만 소녀 3명 사망, 1명 부상

이번 무장대 습격 사건은 9명씩이나 인명 살상을 입힌 김녕리에 대한 무장 공비대의 가장 큰 도발 사건이었다. 그리고 마을에 들어와 식량과 재산 탈취 과정에서 인명 피해를 입힌 습격이나 경찰에 대한 적개심과도 무관하였다. 단지 성벽을 쌓은 것에 대해 반발하여 일으킨 습격이었으며, 성문 초소와 입초소(立哨所)만을 표적한 습격이었다. 김녕 마을의 자경(自警) 방위를 정면으로 경고한 김녕 출신 공비 '원갑선'이가 주동한 대대적인 기습이었다. 이번 습격을 계기로 어린 소년 중학생들과 연약한 소녀들은 경비 근무 대상에서 제외시켰으며 대신 특공대들이 교체 근무하게 되었다. 축성을 완성하고 처음 닥친 대대적이고 기습적인 습격이었고, 그렇게 어렵게 쌓은 성벽이 보람도 없이 무너지는 소리가 들리는 것 같았다. 성벽을 쌓아도 습격을 방지하기는 힘들 것 같은 예감이었다.

2차 공비 습격

    무장대에게 피살당한 박인주 초대 특공대장 후임으로 특공대장을 맡은 사람은 '신성천'이었다. '신성천'은 말을 수십 필 사육하는 신체 건강하고 예의바른 모범적인 청년이었다. 집은 동김녕이지만 김녕 출신 공비 '원갑선'네 집과는 길 하나 건너 위치해 있었으며, '원갑선'의 부친과는 동내 친구지간이었다. '원갑선'은 코흘리개 어릴 적부터 '성천'이 삼촌을 많이 따랐다. 슬하에 자손이 귀한 집이라는 같은 처지이다 보니 '원갑선'이는 사탕값도 자주 얻어 받았던 기억도 갖고 있었다.

하지만 공산주의 사상에 한번 빠지면 인륜도 알아보지 못하는 회복 불가능한 망상에 걸리고 만다. 오직 상급 동무가 상전인 투쟁 제일주의의 집단 전투 조직일 뿐이었다.

이번에 '신성천'이 마을 민보단 특공대장을 맞게 되었다는 소식을 들은 '원갑선'은 '신성천' 특공대장이 자기 아버지의 친구이며, 어렸을 때 자기를 챙겨주었던 정도 무시했다. 오직 사상이 다르면 다 적(敵)이고 오로지 투쟁 대상인 것이었다.

'원갑선'이는 특공대장을 피살하려고 호시탐탐 기회를 노리고 있었다. 지금까지는 마을 목장에 방목되어 있는 말에는 피해를 끼치지 않고 있었다. 말고기를 먹으면 재수가 없다는 속설 때문이기도 하였다. 그러나 '원갑선'는 특공대장이 며칠에 한 번씩은 말을 보러 방목장에 나오는 줄을 이미 알고 있었다. 며칠 동안 마을 목장 인근에 숨어서 '신성천' 특공대장의 동태를 파악해두고 있었다.

마침 '신성천' 특공대장이 나올 것으로 예상했던 날이었다. 봄 장맛비가 개이지 않고 있었다. '원갑선'과 대원 셋이 목장 인근에 잠입하여 특공대장이 오기만을 기다리고 있었다. 특공대장은 보통 삼 일에 한 번씩은 목장을 돌아보는데, 기다려도 나타나지 않자 허탕을 친 적도 여러 번 있었다. 마침 장맛비가 오후가 되자 개었다. '신성천' 특공대장은 일주일 만에 비 개인 틈을 타서 해가 지기 전에 목장을 돌아보고 올 계획으로 소총(특공대장에게는 항시 호신용 소총이 있었다.)을 우비 속에 감추고 목장을 찾았다. 숨어 있던 '원갑선'은 마침 호기를 맞았다

하고 몰래 가깝게 포복하여 접근하였다. 앞에 약 5m 근처까지 접근하여 총구를 조준해 '신 대장'의 뒷면을 향해 방아쇠를 당겼다. "탕, 탕, 탕, 탕" 하는 소리에 말들이 뒷발을 차며 달아났고, 쓰러지는 특공대장의 눈에는 말들이 달아나는 광경이 맺혔다. '원갑선'은 죽은 자의 몸을 수색하여 소총을 빼앗고 맘 한구석에 남아 있는 옛정은 있었는지 시체 위에 돌을 쌓고 풀로 덮어 가렸다.

신 대장의 집에서는 해가 지기 전에 목장에서 돌아오리라고 했던 남편이 종무소식이라 신 대장의 아내가 좌불안석이 되었다. 어제 밤 꿈자리가 좋지 않더니 마음이 점점 타들어가고 잠을 잘 수가 없었다. 장맛비가 또 내리기 시작한다. 혹시나 하고 이웃 친구 집을 찾았으나 허탕이다. 밤에는 등잔불하고 혼자뿐이다. 아침 새벽까지 뜬 눈을 잠시 붙이기도 허락하지 않았다. 아침 해가 밝아오자 타는 가슴을 움켜잡고 친인척 집을 찾았다. 며칠 동안 마을 사람들과 친인척들은 들판을 수색하기 시작하였는데, 결국 수개월이 지속되었다. 3개월이 지난 후에야 사촌 여동생이 수상해 보이는 목장 한구석의 풀잎 덮인 돌무덤을 발견하였고 시신 수습을 마무리했다.

갯멜 들었저

　봄 장맛비가 며칠 뿌리더니 들녘의 쑥 이파리가 벌써 검게
물들기 시작하였고, 보릿잎은 힘차게 땅을 뚫고 올라와 있다.
대문 앞에선 봄기운을 먹었는지 참새들이 기운차게 "짹, 짹"
거린다. 바다에선 일찍이 찾아온 봄 안개가 해수면 위를 덮고
작은 파도가 갯바위 꼭지를 얌전히 두드리고 있다. 봄이 오는
소리에 날개를 활짝 펴고 바닷가 하늘을 낮게 나는 갈매기들
이 심상치 않게 김녕 앞 바다 위를 맴돈다. 이는 좋은 소식이
왔다는 징조였다. 김녕 앞바다에 자주 나타나는 고래들은 양
몰이 개(羊犬)처럼 멸치 떼를 몰고 와 김녕 바닷가에 온통 멸치
떼를 풀어놓곤 하였다. 김녕 마을 동쪽 가스곶 해변에는 검은
흑돌 원담과 같은 물웅덩이가 많았다. 멸치 떼가 조류를 타고
들어오면 원담 멸치 어장이 곳곳에 만들어진다.

갯가 원담 어장의 '원'은 둥근 울타리를 의미하고, 담은 돌담을 의미한다. '원담'은 밀물을 따라 연안 갯바위 위로 들어온 고기 떼가 썰물이 되어 바닷물이 빠져나갈 때 담을 넘지 못해 갇힌 물고기들을 잡는 전통 갯바위 마을 공동 어장이다. 한때는 제주에 260여개 소가 있었지만 현재는 대부분 없어졌다(조선일보. 2014. 7.26.).

"갯멜 들었저! 갯멜 들었저!" 하는 소리가 김녕 마을에 퍼지고 온 마을 사람들이 족바리며 바구니를 들고 새벽 바닷가로 달려갔다. 동문 성벽 입초 지킴이가 문을 활짝 개방하였다. 이렇게 되자 1km 정도 떨어져 있는 김녕 경찰지서에서는 폭도들과 주민들이 내통할 것을 우려해 '난리가 났다.' 하고, 당직 경찰 두 사람이 헐레벌떡 동문 초소에 달려 들어갔다. 입초 대원 1명을 속히 보내어 다들 들어오도록 전령을 보냈다. 그리고는 더 이상 주민들을 성 밖으로 못 나가게 막고 들어오는 사람들은 성문 앞에 대기시켰다. 잠시 후 동녘 하늘이 훤해지기 시작하자 멸치를 담은 족바리를 넣은 구덕을 메고 사람들이 들어오기 시작했다. 경찰들은 사람들이 들어오는 대로 이 열로 성문 앞에 세웠는데, 줄을 선 사람들은 대략 300여 명이 되었다.

우선 젊은이들과 아이들은 집으로 돌려보내졌다. 시간이 흘러 해가 중천을 향했다. 성 밖으로 나간 사람들이 다 들어온 것으로 확인되자 경찰관 한 사람이 주민들을 인솔했고 뒤에 한 사람이 감시하며 경찰지서로 사람들을 연행했다. 연행된 사람들이 경찰지서 앞마당을 빈틈없이 꽉 메웠고 땅바닥에 앉았다. 시간이 흐르자 멸치를 담아온 구덕에서 고기 비린내가 코를 찌르기 시작하였다.

잠시 후 마을 이장과 자경대장, 동장들이 모여들었다. 시간은 오전 10시를 훨씬 넘기고 있었다. 마을 이장들 일행이 대책을 논의했다. 앞으로 이러한 일이 재발되지 않도록 하겠다는 각서를 쓰고 이번 일은 폭도들하고는 무관한 일이고 다시는 이런 일이 없을 것을 확약하기 위해 지서장을 만났다. 지서장은 얼른 대답을 보류하고는 심각하게 생각했다. 이 많은 사람들을 벌을 주자니 형편이 여의치 못하였고, 그대로 보내려 하니 너무 가볍게 풀어주는 것 같아 이러지도 저러지도 못하는 눈치였다. 그러나 따지고 보면 폭도들하고 내통도 없는 무관한 일이었다. 잠시 후 지서장이 "알았으니 잠깐 밖에 나가 기다려 달라"고 하였다.

지서장이 직원들을 모이도록 하고 자기들끼리 의논하는 것 같았다. 시간은 흘러 정오를 넘기려 하였다. 뙤약볕에서 죄인처럼 쪼그리고 앉아 있는 마을 사람들은 풀어 주기만을 고대하는 눈치였다. 잠시 후 지서장이 마을 이장 일행을 사무실 안으로 부른다.

"실은 오늘 일은 어느 주동자가 있어 벌인 일도 아니고 봄 멸치 때문에 발생한 일이니 무장대 폭도들과 내통하여 벌어진 일은 아니라고 판단됩니다. 여러 책임자들이 다시는 이런 일이 없도록 하겠다고 확약하고 있으므로 이번에 한하여 용서하겠으니 마을 사람들을 데리고 가십시오."라고 말한다. 지서장의 말이 끝나자마자 이장과 동장들이 "감사합니다." 하고 고마움을 표시한다. 잠시 후 이 소식을 들은 마을 사람들도 모두 일어나 큰소리로 "감사합니다." 하고 함성을 질렀다. 멸치 비린내에 질린 경찰관 몇이 손으로 코를 막고는 '속히 떠나라'는 손짓을 한다.

서부 지역 마을들의 수난

4·3사건이 발발하자 기존 경찰 김녕지서와 새로 주둔해온 서북청년단이 구좌 서부 지역 일원(동, 서김녕, 동복, 월정, 행원, 덕천)에서 발생하는 4·3사태 수습을 집중적으로 관장하게 되었다. 경찰 김녕지서가 구좌면 서부 지역 중산간 마을 소개 이주민(疏開移住民)에 대한 사건 수습 및 전반적인 대책도 관리하게 되면서 무장 공비들과 내통했던 일이나 식량을 공급한 일들을 집중적으로 색출하기 위해 월정리(月汀里)에 서청특별중대(西靑特別中隊)를 주둔시키게 되었고, 김녕지서에는 서청 출신 4명이 배치되었다.

김녕지서에 배치된 서청 출신 경찰관들은 지역 출신 경찰관의 계급도 불문하고 상전(上典) 노릇을 하면서 소개 이주민을 비롯하여 김녕 마을 여성들을 강제 추행하는 등 갖가지 수난을 입혔다. 1948년 11월 중순경 소개령이 선포되자 동복리와 덕천리 중산간 마을이 초토화되고 나서 많은 소개민(疏開民)이 김녕 마을로 이주해왔다. 서청 출신 대원들은 이주민들을 무장 공비들과 내통하거나 식량을 제공했다는 혐의를 씌워 많이 희생시켰다. 또한 마을 유지(有志)들에게 금품을 강요하기 위해 서청특별중대에 끌고 가 며칠씩(금전을 가져올 때까지) 감금 고문하기도 하였으며, 마을 이장 및 유력 인사들의 여식(女息)들과 강제 결혼을 감행하는 추행 등을 저질렀다.

김 경사는 김녕지서에 배치된 4명의 서청 출신 중에서 나이가 가장 많이 들어 형 노릇하였다. 서청대원들과 같은 하숙집에 기거하면서 툭하면 총각들과 장가가는 이야기를 주 화제로 삼았다. 김 경사는 마을 여성 회장을 마음에 점찍고 짝사랑하고 있었다. 그래서 접근할 방법을 궁리하던 끝에 먼저 서김녕 마을 이장을 앞장세울 복안을 갖고 저녁 시간에 김 이장 집을 찾아 나섰다.

"김 경사님께서 어떤 일로 저의 집을 찾아 주셨습니까?" 하고 서김녕 김 이장이 먼저 인사한다. 김 경사가 얼른 대답하지 못한다. 잠시 머뭇거리자 김 이장은 어떤 일이기에 뜸을 들이나 하고 침묵했다. 혹시 김 경사가 들어주기 어려운 청을 하고 들어주지 않으면 자기에게 어떤 일이 생기지 않을까 하는 생각에 은근히 겁이 나기 시작했다.

잠시 후 김 경사가 말을 한다. "김 이장도 아시다시피 홀아비 총각으로 하숙집 신세만 질 수도 없고 해서 배우자 될 사람으로 현 여성 회장을 마음에 두고 있는데 아무에게나 부탁할 수도 없고 김 이장님께서 허락을 받아주시기 부탁드립니다." 하였다. 이에 난처한 처지에 놓이게 된 김 이장은 이러지도 저러지도 못하고 있다가 궁리 끝에 "네, 알겠습니다." 하고 임시방편으로 대답하였다. 그냥 안 된다고 하면 큰 화풀이가 닥칠 것 같은 소름 끼칠 일이 걱정되었다. 김 경사는 "그렇게 알고 기다리겠습니다." 하고 김 이장 집을 나섰다.

서김녕 김 이장은 잠이 오지 않았다. 어떻게 하면 여성 회장의 허락을 받아낼까 걱정이 태산이었다. 성사가 안 되는 날엔 틀림없이 화가 닥칠 것이 뻔했기 때문이었다. 김 이장도 작전을 짰다. 우선 여성 회장의 오빠를 구워삶을 생각을 하고 이튿날 여성 회장의 집을 찾았다. "친구 있나?" 하고 무조건 방으로 쳐들어갔다. "이게 누구야!" 하고 여성 회장의 오빠가 김 이장을 맞이하였다. 방에 앉자마자 뜸 들일 틈도 없이 동생 혼인 관계를 꺼냈다. 친구 오빠는 어디 좋은 신랑감이나 소개할 것인지 속히 말이나 해보라고 독촉했다. 일단 말을 하기는 했지만 본 얘기는 꺼내지 못하고 머뭇거린다. "어서" 하고 친구가 독촉한다. 결국 "내가 말을 하면 자네가 절대 거절하지 않겠다고 약속해야 말을 꺼내겠다."고 돌려 다짐을 요구했다. 친구는 여동생이 나이도 먹어가고 웬만한 상대면 시집을 보내야겠다고 은근히 마음먹고 있었다. 그래서 잠시 후 "그러면 김 이장이 소개하니 틀림없이 좋은 자리라 알고 허락하겠다." 하고 대답하였다.

그제야 김 경사가 찾아와서 벌인 일을 얘기하자 친구의 얼굴색이 순식간에 창백해지고 말문을 닫고 말았다. 여성 회장의 오빠도 거절하기가 쉽지 않은 일임을 알고 "알겠네." 하고는 "본인한테 잘 얘기해보고 결정하기로 하세!" 하였다. 김 이장도 친구 간에 딱한 문제를 놓고 책임을 친구에게 떠넘긴 것을 미안해하며 친구 집을 나섰다. 이삼 일이 흘렀지만 친구로부터 아무 말이 없어 김 이장은 은근히 걱정이 되었다. 다시 친구 집 방문에 나서려는데, 지서에서 온 사람으로부터 한 통의 문서를 받았다. 출두통지서였다.

서청에서 입을 열면 법이고 툭하면 구속하는 일이 닥쳤구나 하고 얼른 친구 집을 찾았다. 서로 인사도 생략하고 여성 회장의 오빠가 "이것 봐" 하기에 보니 김녕지서에서 보낸 출두통지서가 아닌가? 똑같은 내용이고 이름만 달랐다. 그제야 동시에 양쪽에 보내졌다는 것을 알고 얼른 내용을 보니 내일까지 출두하라고 시간이 정해져 있었다. 친구와 김 이장 둘은 잠시 어떻게 하면 좋을지 고민했지만 답이 나올 리 없었다. 오빠가 정면 돌파해야겠다고 마음먹고 동생(여성 회장)을 불렀다.

"안녕하십니까?" 여성 회장이 인사한다. 김 이장은 인사를 받는지 마는지 정신이 없었다. 두 사람은 심각한 표정이었다. 결국 오빠가 말을 꺼냈다. "이장님하고 이 오빠에게 김 경사가 동생과 배필을 맺게 해달라고 부탁을 해와 이러지도 저러지도 못하고 며칠을 고민하고 있던 중에 오늘 답을 달라는 독촉이 왔다. 동생에게 오빠로서 체면 없는 일인 줄 알면서도 우리들에게 앞으로 닥칠 일과 마을의 앞날을 생각하니 겁도 나고 해서 너를 불렀다."고 하였다. 동생(여성 회장)이 고개를 떨어뜨린다. 옆에서 김 이장이 "이렇게 어려운 일을 동생에게 부탁드리게 되어 정말 미안하다. 더 이상 할 말이 없다."고 말한다.

그렇지만 여성 회장은 고개를 들지 않는다. 얼른 마음 결정을 하기에는 상황이 무거웠다. 거절하자니 두 분(오빠, 김 이장)의 신상에 문제가 올 것이고, 마을에도 큰 화근이 될 것이 뻔한 상황이라 마음이 오락가락 갈피를 잡지 못했다. 그렇지만 결정을 미룰 수는 없었다. 잠시 후 "오빠와 마을에 평화가 오는 일에 나 혼자 희생하여 화를 막을 수만 있다면 서슴없이 승낙하겠습니다." 하고 어려운 결정을 내렸다. "살신성인(殺身成仁)하는 훌륭한 결정을 해주었다."라고 김 이장이 고마워하였다. 뒤이어 오빠도 "대의를 위해 훌륭한 결정을 해주어 우리 동생 훌륭하다." 하고 어깨를 쓰다듬어 주었다. 동생이 눈시울을 붉히더니 두 눈에서 눈물을 방울방울 방바닥으로 떨어뜨린다.

김 순경 결혼 작전

　며칠 간 김 경사의 얼굴이 싱글벙글 훤하다. "동생, 내게 요즘 무슨 일이 생겼는지 맞혀보게!" 하며 동료 서청대원에게 농을 건다. "형, 내가 맞히면 술 한 잔 사세요." 하고 김 순경이 답한다. 김 순경이 "여자 생긴 거지요!" 하자 "맞았어, 맞았어." 답하며 김 경사가 싱글벙글이다.

　김 순경은 이번엔 내 차례인데 이렇게 앉아 있을 수만은 없는 일이지 하고 마음속으로 다짐한다. 김 경사가 서김녕 이장을 통하여 해결했으니 이번에는 동김녕 이장을 점찍고 딸이 있는지를 탐문 조사해 보았다. 며칠을 조사해보니 중학교 다니는 딸이 있는 것이 확인되었다. 좀 어리지만 중학교 2학년이면 어느 정도 성숙하다고 하니까 문제없을 것으로 생각되었다. 한 이장이 내 말을 거역하지는 못할 처지이고, 자기 목숨은 나에게 달려 있으니 하고 생각을 굳힌다. 한 이장의 슬하에는 2남 1녀가 있는데 딸이 큰 자식이다. 김 순경은 성격이 남달리 강직하다 보니 누구에게 중매를 부탁할 생각은 안 가졌고, 정면 돌파할 계획을 세웠다.

한 이장은 일제 강점기 일본에서 오래 살다가 광복이 되자 고향에 들어와 이장직을 맡고 있었다. 4·3사건이 발발하자 경찰이나 서청특별대와 불편한 일이 발생하지 않게 매사에 신경을 쓰고 있는 처지였다. 소개되어 김녕리로 들어온 중산간 마을 사람들을 돌보는 일이며, 마을에 피해가 없도록 신경을 썼다.

김 순경은 한 이장과 일대일 단도직입적으로 속결 직행할 수밖에 없겠다고 마음을 굳혔다. 김 순경은 은근히 압력을 주기 위해 호신용 권총을 허리에 차고 저녁 시간에 한 이장 집을 찾았다. "바쁜 시간에 귀하신 김 순경님이 저희 집을 어떤 일로 찾았습니까?" 한 이장이 먼저 인사하자 "좀 들어가서 이야기하겠습니다."하고 방 안으로 들어섰다. 한 이장은 은근히 신경이 쓰였다. 차고 온 권총을 보는 순간 심상치 않은 것 같은 위화감이 들었다. 두 사람은 아무 말도 내치지 않은 채 잠시 숨 고르기를 했다. 한 이장이 먼저 입을 열었다. "하실 말이 있으면 해보세요!" 이때다 싶은 김 순경은 단도직입적으로 입을 열었다. "한 이장님에게 어려운 부탁이 될 것입니다. 집의 따님을 저의 배필로 주십시오."하고 말하였다. 순간 한 이장은 이게 무슨 말인지 분간이 안 되었다. "저에게 딸이 있지만 결혼 정년이 안 된 이제 겨우 중학교 2학년에 다니는 어린 딸 하나뿐인데 잘못 알고 하시는 말이 아닙니까?" 하고 답하자 김 순경이 즉각 대응에 나섰다. "제가 미리 다 알고 왔습니다. 따님이 중학교 2학년이면 옛날에는 다 결혼했습니다. 저에게 맡겨주시면 됩니다. 여식은 혼처가 생길 때 얼른 시집을 보내는 것이 상책입니다."고 하였다.

한 이장은 말문을 닫고 방바닥에 시선을 깔았다. 이러지도 저러지도 못하는 처지에 놓였다. 잠시 후 내가 허락한다 해도 딸아이한테 일단 말을 해봐야 될 일이라고 생각하고 "김 순경님 너무 조급히 생각하지 마시고 이러한 중대사는 아무리 마음이 급해도 신중히 생각하고 시간을 갖고 결정해야 합니다."고 하였다. "앞으로 며칠 시간을 주시면 저의 여식(女息) 당사자의 의사를 물어보고 결정해도 늦지 않을 것 같습니다."고 김 순경을 설득한다. 그 말도 들어보니 맞는 일이긴 하니 "그러면 앞으로 일주일 내에 확답을 기다리겠습니다."고 김 순경이 한발 물러섰다. "그러면 오늘은 이것으로" 하고 작별인사를 던지며 한 이장 집을 나섰다.

한 이장은 김 순경을 보내고 밤새 잠이 오지 않았다. 부인

또한 김 순경이 오고 간 후 무슨 일이 생겼는지 걱정하고 있었다. 한 이장은 부인에게 자초지종을 털어놓고 어떻게 했으면 좋겠는지 서로 꼬박 밤을 샜다. 다음 날 하루 종일 일이 손에 잡히지 않는 부부는 딸이 학교에서 오면 속 시원히 털어놓고 결정짓기로 하였다. 그럴 수밖에 없다고 부인도 수긍하였다.

저녁 시간에 딸을 잠시 안방으로 들어오라고 하고 청천벽력 같은 이야기를 준비한다. 말이 적은 아버지가 오늘 웬일이지 하고, 딸이 방에 들어서자 어머니도 같이 있었는데 예감이 심상치 않았다. 아버지 한 이장이 말을 얼른 꺼내지 못한다. 무슨 말부터 먼저 할까 뜸을 들이자 옆에서 부인이 남편 얼굴을 쳐다본다. 마음속에 담고 있는 이야기가 무거워서 입 밖으로 나오기가 쉽지 않은 모양이었다.

잠시 후 한 번 호흡하듯 입을 열었다. "얘야! 내가 지금 할 말은 너의 장래 문제가 되어 차마 말하기 어려운 일이라 밤새 너희 엄마하고 고민 끝에 털어놓기로 결정하고 말하니 신중히 생각하여 대답을 해야 한다." 하고 말하였다. "어제 김녕지서 김 순경이 집에 찾아와 너를 자신의 배필로 달라고 청해와서 앞에서 직답을 피하고 본인에게 의사를 타진해보고 답을 드리겠다고 하였으니 어떻게 했으면 좋겠니?" 하고 딸에게 묻는다. 딸은 정면으로 양 부모의 얼굴을 쳐다보기 민망스러웠다. 그러나 오죽하면 학교 다니는 어린 나에게 입밖에 내놓기 거북한 이야기를 내놓을까 하고 깊이 생각해 보았다. 거절하면 아버지의 신상에 필히 엄청난 일이 발생할 것으로 예상되니 답하기가 곤란하였다. "저도 오늘 하루 밤을 새워 고심해보고 대답하겠습니다." 하고 고개를 들었다. 그 말을 들으니 우리 딸이 어린아이가 아니라 많이 성숙했다는 생각이 들었다. '오죽하면 금쪽같은 귀한 딸을 팔아야 하나?' 하고 부모들은 괴로웠고, 딸도 학교를 결석하고 온종일 고민의 시간을 보냈다.

그날 저녁 "아버지 목숨을 지켜낼 일이니 제가 감당하겠습니다. 이 험한 세상 발버둥 치면서 살아가겠습니다. 걱정하지 마십시오." 하고는 눈물을 쏟는다.

곽 형사 억지 결혼

　곽 형사는 김녕지서에 배치된 서청특별대 출신으로 나이가 제일 적었다. 그리고 김녕청년회가 주체한 전도 축구 대회 출전 선수이기도 하였다. 항상 김녕국민학교(현, 초등학교) 불온서적 관련 교사들의 사상 문제와 등사판 도난 사건을 깊이 수사하여 관심을 갖고는 혹시 입산 공비들과 관련되었는지 교사들을 불러내어 혹독한 고문을 하기도 하였다. 심지어 현 교장 선생님에게까지 관련시켜 수사를 확대해가고 있었고, 학교 전 교사를 대상으로 신상을 조사하였다. 그리고 교장 선생의 딸이 여교사로 근무하고 있는 것을 파악하고 내심 흑심을 먹기 시작하였다.

　여러 번 학교를 찾아서 억지로 교장 선생을 비롯하여 여러 선생과 교장 선생의 딸인 현 교사에게도 수사망을 확대시키면서 자주 들락거리며 구실을 만들었다. 현 교장 선생은 김녕리 출신으로 광복 후 고향 학교에 최초로 부임하였고, 부녀(父女)가 선생으로 있으면서 남달리 모교 사랑에 관심과 정성을 다하여 학생들을 가르치고 있었다. 그런데 4·3사건이 발발하자 등사판 도난 사건, 불온서적과 관련하여 교사들의 사상 문제 등으로 하루도 편안할 일이 없이 곤혹을 치르고 있었다. 이런 상황에 흑심을 품은 곽 형사는 현 교장 부녀(父女)를 집중적으로 수사에 관련되도록 유도하였다. 그러면서 같은 서청 출신들이 연달아 결혼하는 것을 보고 교장 선생에게 초점을 맞춰 딸에게 청혼을 할 생각을 굳히기 시작하였다.

곽 형사는 교장 선생의 퇴근 시간에 맞춰 "현 교장 선생님 계십니까?" 하고 교장 선생의 사택을 찾았다. 들어본 음성이었다. "누구십니까?" 하고 현 교장 선생이 방문을 여니 곽 형사였다. '또 무슨 일이 터졌나?' 사택에까지 찾아온 것을 보니 심상치 않은 일이 벌어진 것이 아닌지 은근히 걱정이 앞섰다. "어서 들어오십시오." 하고 방으로 모셨다. 찾아온 곽 형사의 표정은 학교에서 볼 때의 표정하고는 딴 인상이었다. "학교에서는 공무상 일이 되어 너무 무례할 때도 있었을 것입니다. 죄송하였습니다." 하자 현 교장 선생은 "천만의 말씀입니다." 하고 나이가 많다고 무례하지 않았다. "혹시 할 말이 있으면 이야기해 보세요." 하고 교장은 찾아온 목적이 있을 것이라 생각하여 질문을 던졌다.

　곽 형사가 잠시 숙고하더니 표정을 펴고 "교장 선생님에게 어려운 부탁이어서 여러 번 고민하던 끝에 직접 찾아뵙고 청을 드리는 것이 예의가 아니겠나 하고 체면을 무릅쓰고 오늘 찾아왔습니다." 하고 얘기를 시작한다. "실은 김녕 마을과 인연이 된 것은 청년회가 주최한 전도 축구 대회 때부터입니다. 그리고 요즘 같이 온 동료들이 전부 결혼하게 되어 혼자만 남는 처지가 되고 보니 좀 소외되는 감이 있고, 외롭습니다. 그래서 김녕 마을과 깊은 인연을 맺고자 교장 선생님의 딸 현 선생과 가약을 맺었으면 하니 허락하여 주십사 하고 오늘 청을 드리고자 왔습니다." 하고 저 자세로 공손하게 말을 하였다.

　말을 듣는 순간 속으로 '큰일 났다.' 하고 현 교장 선생은 갈피를 잡지 못하였다. 앞면에서 박대를 할 수 없는 처지이고 보니 대답을 어떻게 해야 할지 망설여졌다. 잠시 숨을 고른 교장은 일단 "네, 알겠습니다만 집의 딸도(현 선생) 성인이 되어 아비가 된 저로서도 단독으로 결정지을 일도 못 되니 죄송하지만 며칠 기다려 주시면 그 사이에 본인의 의사를 타진하고 답을 드리겠습니다."고 하였다. 곽 형사도 앞에서 당장 답을 얻기는 불가능할 일이라 판단하여 일단 수용하기로 하였다. 너무 서두르면 오히려 망쳐버릴 것 같은 생각도 들어 "교장 선

117

생님이 넓은 아량을 베풀어 수일 내로 답을 주시리라 믿고 오늘은 이만 돌아가겠습니다." 하고 현 교장 선생님에게 공손히 인사하고 집을 나섰다.

곽 형사를 보낸 현 교장 선생은 곧바로 부인을 불러 "금방 곽 형사가 왔다 갔는데"하고 자초지종을 설명했다. '어떻게 하면 좋을까?' 하고 해결의 실마리를 찾고자 두 부부는 밤을 세워가며 고민해 봤으나 대답은 허공을 맴돌기만 하였다. 청혼을 거절하면 당장 화근이 미칠 것 같고 방법이 안 보였다. 날이 밝아오지만 앞이 캄캄했다. 결국 부인이 날이 밝으면 딸을 불러 자초지종을 이야기하고 판단을 본인에게 맡기기로 하자고 제안했다. 딸이 성인이니까 판단을 존중하기로 하였고, 죽이 되든 밥이 되든 우리를 죽인다 해도 받아들일 수밖에 없다고 결심했다.

교장 선생의 부인은 저녁에야 귀가한 딸(현 선생)을 방으로 불렀다. 현 선생은 무슨 일이 있나 하고 심각한 표정을 하고 방에 들어왔다. 두 부부는 어떻게 말을 할지 망설이다가 부인이 자초지종을 풀어놓았다. "어제 저녁에 김녕지서 곽 형사가 집에 찾아와서 너에게 청혼하는 무거운 청을 던지고 갔다. 우리가 밤새면서 풀어보려고 했지만 답이 안 나오고 당사자인 네가 성인이기 때문에 답을 찾아내기 바란다. 아버지에게 어떠한 어려움이 닥친다 해도 감수할 각오가 서 있으니 아버지에게 닥칠 일에는 눈 딱 감고 너 자신의 생각만 하고 판단하기 바란다." 하고 공을 딸에게 넘겼다. 이렇게 되자 이해 못 할 딸도 아니었고, 곽 형사가 자기를 배필로 원한다는 압력을 행사한 것을 알아챘다. 거절하면 틀림없이 아버지와 자기에게 그리고 학교에도 해코지해올 것이 분명하기 때문이었다. 이 일은 내가 책임지고 해결지어야 하겠다고 마음을 굳히고 "어머니 걱정 마세요. 저도 이젠 성인 아닙니까? 하루만 시간을 주면 심사숙고해서 부모님에게 피해가 가지 않을 결단을 내리겠습니다."고 하였다. 그제야 두 부부의 얼굴에 혈색이 돈다.

이튿날 저녁 현 선생(딸)이 어머니를 찾아왔다. 밤새 울었는지 눈이 퉁퉁 부어 있었다. "어제 저녁부터 하루 종일 생각했습니다. 선생이 된 제가 아버지의 신상에 문제가 되는 일이 생기게 하면 안 될 것입니다. 절대 불효자는 되지 않겠습니다. 아버지에게 허락해 주라고 하십시오."라고 말하였다. 그리고는 눈물을 훔치며 "이 난세를 원망하지 부모님을 절대 원망하지 않겠습니다." 하고 자리에서 일어섰다.

김녕초등학교와 4·3

　김녕국민학교(현 김녕초등학교)는 1923년에 개교되어 도내에서
도 유서 깊은 초등교육의 전당이다. 그런데 4·3사건이 발발
하자 김녕민보단 등 각종 자경대(自警隊) 방호 단체의 훈련장이
되었고, 학교 외곽을 에워싸는 돌담 성벽을 쌓아 신성한 교정
이 살벌한 전투장으로 변하고 말았다. 교장(校長)에 김녕초등
학교 1회 졸업생인 현 씨(가명) 교장이 광복 후 2대 교장(해방 이
전에는 일본인 교장이 재직했음)으로 부임해왔다. 교사들은 김녕 출
신 선생으로 채워져 있었으며, 여교사 1명은 현(玄) 교장의 딸
이 재직하고 있었다.

　4·3 초기에 김녕청년회가 주최한 전도 축구 대회를 개최하
였고, 교사들에 대한 사상 문제와 등사판 도난 사건으로 학교
가 곤혹을 치르고 있었다. 서청특공대의 횡포 축구를 겪었으
며, 운동장은 자경대의 훈련장이 된 지 오래되었다. 난세가 언

제 끝나 평화가 올지 기약할 수 없이 살벌한 분위기였다. 그런데 교장 선생의 딸까지 서청(西靑)에 빼앗기는 상황이 발생하였다.

현 교장은 부인에게 이대로 있다가는 큰아들(長子)의 신상 안전이 걱정되니 일본으로 보내자고 하였다. 재직하고 있는 몇몇 교사들도 일본으로 떠나는 형편이었다. 현(玄) 교장 부인도 교장의 제안에 "하루라도 빨리 가야 신상이 안전할 것입니다."고 동의하였다. 형이 일본으로 먼저 가서 자리 잡고 차례로 동생들도 보낼 생각을 하고 있었다. 그래서 수일 내로 떠나게 하자고 장남을 방으로 불러 의사를 타진했다. 아들 역시 아버지(현 교장)의 말을 듣고 "이 난리가 속히 끝날 것 같지도 않으니 일본에서 공부하고 오겠습니다. 앞으로 평화가 오면 부모님을 만날 날이 오지 않겠습니까?" 하고 떠날 각오를 하고 있었다는 듯이 말하였다. 이렇게 하여 장남을 일본으로 보냈다.

학교는 등사판 도난 사건으로 당시 당직 강일빈(가명) 교사와 이승우(가명) 교사가 범죄인으로 지목되어 김녕지서에 소환되었다. 그리고 교사들에 대한 가택수사로 불온서적이 발견된 김기수(가명) 교사 등 3명도 구속되어 있는 형편이었다. 이렇게 되자 현(玄) 교장 선생은 편한 날이 없는 좌불안석이었다. 김녕지서에 구속된 교사들은 면회도 허락이 안 되어 사건이 급하게 돌아가는 상황이었다. 계속되는 고문, 취조에 시달리고 있는 교사들의 가정을 방문하여 위로하려고 하였으나 경찰의 수사망을 피할 수 없는 처지였고, 가족들도 면회가 금지되어 있었다. 교사들이 김녕지서에 구속된 지 1주일이 넘어가자 교사의 가족들이 학교를 찾아 교장 선생을 상면하고 면회만이라도 한 번 하게 해달라고 간청해왔다.

현(玄) 교장 선생은 "잠깐 교장실에 계시면 선생 한 사람을 보내어 의사를 타진해 보겠다."고 하였다. 그런데 지서에 간 교사가 몇 시간이 지나도 나타나지 않았다. 교장 선생은 '보낸 교사도 구속해 버렸나?' 하고 좌불안석이 되었다. 잠시 후 김녕지서에서 돌아온 교사는 얼굴이 창백하여 얼른 말을 꺼내지 못했다. 그리고 교장 선생을 딴방으로 모시고는 좀 떨리는 목소리는 입을 열었다.

"잠깐 면회가 허락되어 얼굴들을 보는 순간 말문이 막히고 말았습니다. 너무 고문이 심했던 탓인지 얼굴이 퉁퉁 부어 있었고, 누가 누구인지 식별이 안 되었습니다."고 하였다. 구속된 교사들이 인사불성이 되어 자신을 알아보지 못할 형편임을 감지한 교사는 "면회를 잘 하였습니다." 하고 지서를 바삐 나오고 말았다고 보고하였다. 자초지종을 다 들은 교장 선생은 가족들에게는 상심을 안 드리려고 "면회가 허락되지 않아서 그대로 돌아왔다고 합니다. 견디기 힘들겠지만 며칠만 기다려볼 수밖에 없을 것 같습니다."고 말하였다. 가족들의 마음을 위로하고자 하였지만 교장 선생은 그러지도 못하는 안타까움을 감출 수가 없었다.

　며칠이 흘러 김녕중학교에서 학교 소사를 보내 연락을 취했다. 중학교 교정 앞밭에 강 선생 등으로 보이는 시체가 가마니에 덮여 있다는 연락이었다. 현 교장 선생에게 황급히 보고되었는데 교장 선생은 눈앞이 캄캄하였다. 즉시 가족들에게 연락을 취하도록 하였다. 교장 선생은 쓰린 마음을 달래며 억울하게 희생을 당한 강 선생, 이 선생, 김 선생의 명복을 빌었다. "이승에서 못다 한 소망 저승에서나 이루길 바랍니다."고 잠시 묵념을 한 후 몇몇 교사들하고 현장을 찾았다. 현장에 가보니 벌써 가족들이 와 있었고, 세 사람의 사체는 총격으로 처단된 것으로 보이고 몸에는 피가 낭자하였다. 가족들이 시체를 수습하고 자리를 떴으며, 뒤에 남은 교장 선생과 교사들은 고개를 숙여 명복을 빌었다.

굴에 핀 사랑

궤는 굴의 규모가 작은 소규모 굴(窟)을 의미한다. 김녕리 민가(김녕로

1길 70) 뒤뜰에 있는 궤는 약 20㎡ 정도의 넓이였다. 굴 안은 18℃ 상

온이라 김칫독이나 여름 채소 보관에 사용되었다.

이 궤는 밤만 되면 토벌대의 부녀자 겁탈을 피하여 모여드
는 부녀자들의 피난처로 이용되었다. 여기에 젊은 남녀들도
끼어들면서 잔심부름도 하고 밖의 정보도 얻어 연락도 하며
말벗이 되었다. 굴(궤) 안에는 불도 없고 감방처럼 어두침침하
고 습기가 찼는데, 마른 억새풀과 옷가지를 바닥에 깔아 습기
를 해결하였다. 어둠이 해결되지 않았지만 서로가 모이면 복
덕방 좌담을 늘어놔 두려움을 극복하며 서로가 위로해 주었
다. 여기서 최근 일어났던 폭도 습격으로 희생된 일과 서북청
년단과 토벌대에서 발생되는 억울한 사건 등도 등장하였다.
심지어 바다에 물질하러 갈 물때와 밭일, 소, 말 방목하는 일

등 온갖 주제가 거론되었다.

하루는 박제돌(가명)이가 누나하고, 이웃 이춘희(가명)도 언니하고 같이 끼어들었다. 서로가 이웃이지만 그간에는 서먹서먹해하는 남녀 동갑 처지였지만 한방(굴) 안에서 만나게 되면서 친하게 지내게 되었다. 며칠을 같이 지내다 보니 젊은이들은 찰떡궁합이 되었다. 옆에 같이 있는 부인들은 좀 거리를 두어 자리를 하였으나 젊은이들은 한 몸처럼 가까워졌다. 서로가 친밀한 관계가 되어 사이좋게 지내자, 같이 있는 언니, 누나뻘 부인들은 '저렇게 젊은 청춘이 좋았던 시절이 우리에게도 있었나?' 하고 부러워했다. 자신들은 다 잊어버린 청춘 시절을 잠깐 떠올려보며 웃음을 머금고 바라본다.

부인들의 이야기는 '내일은 물때가 보름 물이라 오후가 되면 바다에 나가야 되겠다.'는 등의 생활 관련 이야기가 주제였다. 춘희가 "우리도 내일 물 빠지면 보말을 잡으러 갈까?" 하고 제안하자 마침 좋은 기회라 하여 찬성하였다. 이튿날 바닷물이 빠지는 오후 시간이 되자 이제는 서로 터놓고 다니는 청춘 남녀가 된 네 사람이 구덕을 메고 물이 빠진 바닷가 해변으로 나갔다. 봄 바닷물 먹은 보말이 바닷가 바위 이곳저곳에 많이 달려 있었다. 보말 잡기가 서로 경쟁이 되었는지 구덕이 한가득 채워졌고 들어오는 바닷물이 젊은이들을 뭍으로 내몰았다.

박제돌이가 "오늘 저녁에 보말을 삶고 와서 누나, 언니, 여러 사람들하고 같이 먹으면서 하룻밤을 세우자!" 하였다. 춘희도 "나도 그렇게 하는 게 좋겠다고 생각했어." 하며 이심전심이었다. 그날 늦은 저녁 시간이 되어 다들 굴(궤)에 모이기 시작했다. 제돌이도 누나하고 같이 굴 안으로 들어갔다. 잠시 후 춘희도 언니하고 같이 보말 구덕을 갖고 들어왔다. 굴 안에 있는 사람들이 "보말을 삶아왔구나! 춘희야 고맙다." 하고 보말 담은 구덕에 손들을 집어넣는다. 그날은 긴 밤을 물질한 이야기와 보말 까먹기로 시간을 보내게 되었다.

이튿날 밤 무장대(共匪) 수십 명이 남흘동에 식량을 강탈하기 위해 습격했다. 박제돌이는 서문 초소에서 보초 당번이 되어 근무 중이었는데 춘희의 집이 갑자기 습격되었다. 습격을 알아차린 언니와 춘희는 급한 김에 불치막(부엌에서 발생한 재를 보관해두는 곳)에 몸을 피신하여 숨어있었다. 하지만 무장대(共匪)에게 발견되어 무참히 총살되고 말았다. 이날 무장대가 남흘동 10여 호를 급습하여 많은 식량을 빼앗았고 주민들을 사살한 후 초소를 순찰하던 학련 학생과 순찰대원 등을 추가 사살하는 기습 사건이 발생하였다. 결국 무장대 공비(共匪)들이 아름다운 남녀의 풋풋한 사랑을 무참히 끊어버리는 일이 생기고 말았다. 박제돌이에게 춘희와의 짧지만 달콤한 사랑은 삼키기에는 너무 큰 상처로 다가왔고, 웃음이 사라진 외톨이 청년 박제돌은 춘희가 없는 굴(궤)을 다시는 찾지 않았다.

입산자와 그 어머니

　김녕 마을에서 유일하게 입산 공비(入山共匪)가 된 원갑선(가명)의 어머니 김은선(가명)은 남편을 일찍 여의고, 외동아들을 어릴 때부터 '금이야 옥이야' 하며 귀엽게 키웠다. '원갑선'은 외톨이로 키워진 탓인지 남달리 남에게 양보하지 않으려 하고 혼자 모든 것을 차지하려는 외골수 성격으로 자랐다. 초등학교는 고향에서 다녔고, 중등학교는 옛날 제주읍(현 제주시)에서 유일한 중등교육의 전당인 제주농업학교에 진학하였다. 이에 더욱더 우쭐한 성격이 되었는데, 조국 광복을 맞이하여 사상이 혼란한 시기에 남로당 지령에 의한 대한민국 단독 건국을 저지하고, 북조선이 주도하는 인민공화국 수립을 주장하는 등 허울 좋은 사회주의 사상에 물들었다. 결국 입산 공비가 되어 4·3이 발생하자 고향 김녕 마을을 기반으로 활동하였다. 남로당 지령으로 단독선거, 단독정부 반대, 조선민주주의 인민공화국 주도의 통일정부 수립 촉구 등의 구호를 내용으로 하는 삐라 살포를 주도하였다. 그리고 한라산에서 올린 봉화 신호를 받아 김녕 묘산봉에서 봉화를 주고받는 주도적인 입산 활동을 수행하였다.

심지어 인륜까지도 져버렸는데 홀로 자기를 낳고 키워내며 남에게 뒤지지 않는 훌륭한 아들을 만들기 위하여 자녀 교육에 남달랐던 훌륭한 어머니까지도 기억에서 지워버리는 패륜의 길에 들어섰다. '원갑선'의 어머니는 아들을 만나본 적도 오래되었고, 아들이 입산 공비 활동을 하게 되자 이웃 사람들과도 담을 쌓기 시작하였다. 아들이 고향 마을을 수십 회나 습격하여 식량을 약탈해가고 인명을 살상하는 만행을 저질러 온 마을을 쑥대밭으로 만드는 악명 높은 폭도(暴徒)가 되자 '원폭도' 어머니라는 악명을 얻게 되었다. 이렇게 되자 집밖에도 나가지 못하고 두문불출하는 신세가 되고 말았다. 집이 창살 없는 감옥이 되었다. 그렇게 정다웠던 동네 사람들도 한 사람도 찾아주지 않았고, 사람들 보기도 무서웠다. 자기 처자식이 살해당한 사람들이 가만히 있을 수가 없는 일이었다. 세상이 원망스러웠지만 목숨을 끊지 못하고 언젠가는 어머니를 찾아오겠지 하는 실낱같은 희망도 가져본 적도 있었으나 아들의 만행이 도가 지나치자 포기하고 말았다.

하루하루 살기가 외롭고 무서워지고 그렇게 자주 다녔던 언니 집에도 발길을 끊고, 언니도 동네 사람들 눈치가 신경이 쓰여 동생 집에 오기 어려워졌다. 동네 인심은 점점 살벌해졌다.

입산 폭도들이 습격을 한 다음 날이면 더욱더 마을 사람들의 눈총을 받게 되었다. 특히 마을 주변에 돌담 성을 쌓을 때는 더욱 원성이 심해졌다. 이런 고생이 다 누구 때문이냐고 사람들이 모이면 입에서 원성이 나왔다. 심지어는 마을 사람들은 많은 사람들을 살해하고 식량도 강탈해 가는데 폭도 어머니는 왜 가만두느냐 하는 원망 섞인 말을 서슴없이 하였다.

평화롭던 마을이 피해와 공포로 돌아설 수 없는 지경에 이르게 되자 원망할 곳은 입산한 '원갑산'이도 있지만 시국을 원망하는 사람도 늘어났다. 4·3사태는 진압되어 가기보다는 더 번져가기만 하고 군경 토벌대와 서청특별대는 보강되어 더 살벌한 분위기가 조성되었다. 경찰과 서청토벌대에서는 서서히 '원갑선'의 어머니(김은선)를 처단해야 되겠다는 쪽으로 방향을 정해놓고 있었고, 항상 외부와의 내통을 감시하기 시작했다. 그래서 김은선(원갑선의 어머니)의 집에 특별관리팀을 두어 혹시 도망치지나 않을까 하여 수시 감시 체제를 유지하고 있었다. 마침 공비들이 남흘동에 다시 대대적인 습격을 감행해와 많은 식량을 탈취하였고, 인명을 피살하는 사건이 발생하자 경찰은 할 수 없이 '지금까지 참을 만큼 참았다.' 하고 결단을 내렸다. 집에서 김은선(원갑선의 어머니)을 체포하고 마을 앞밭에 끌고 가 즉결 총살하였고, 시체 위에 가마니를 덮어주고 말았다 (1949년 2월 8일 피살).

발 빠른 산사람들

산폭도(山暴徒)들은 경찰(지서)의 정보를 능가할 만큼 발이 빨랐다. 김녕리에서 입산(入山)한 '원갑선'이 지휘하는 폭도들이라서 그런지 김녕지서에서 움직이는 동태를 손바닥처럼 훤히 보고 작전을 수행하였다. 김녕지서에서 근무하고 있는 '부원하'(가명) 경사는 처가는 김녕이고, 제주 구좌 출신으로 충실한 경찰관으로 알려져 있었다.

'원갑선'이 지휘하는 폭도들은 '부원하' 경사가 언제 어디로 이동하는 것까지 치밀한 정보를 귀신같이 확보하고 있었다. 김녕리 남흘동을 습격할 때와 김녕지서를 습격할 때도 경비에 허점이 있을 때만 골라 습격하였다. 이렇게 되자 누가 정보 제공을 하는지 김녕지서에서는 신경을 많이 써왔으며 경계를 강화하였다. 그런데도 폭도들은 1949년 1월 7일 부 경사가 제주공항으로 파견 근무하러 간다는 날짜와 출발 시간, 피격 장소까지 치밀한 계획을 세워 피격하였다. 출발 시간은 이른 아침 7시경이었고, 지프차에는 성산포 경찰서에서 동승한 직원 3명이 포함되어 있었다.

겨울 아침이라 날씨는 꽤 추웠다. 부 경사 팀이 김녕지서를 출발하여 큰 남생이(김녕과 동복 사이 큰 소나무가 있는 곳)를 넘어 동복리 경계에 막 들어서는 거리에서 미리 잠복해 있던 산폭도들에게 기습당하여 총격 살해되었다. 산폭도도 4명이고 경찰관도 4명이었는데도 기습에 대비하지 못해 '부원하' 경사가 총살되고 말았다. 어떻게 알았기에 부 경사만을 표적으로 삼았는지 미리 세밀한 작전 계획을 세워 감행한 것이었다.

파견 근무하기 위해 출발한 지 얼마 지나지도 않았는데 산폭들에게 피격당했다고 알려지자마자 김녕지서의 전 대원과 인근 토벌대에 연락하여 대대적인 수색 작전을 벌였으나 허탕치고 말았다. 가족으로 부인과 슬하에 1남 1녀가 있었으며, 피격 장소에는 후에 제주도 방공 유족단체가 세운 순직 추모비가 세워졌다.

토벌대 교통사고

김녕지서에 근무하는 경찰관들은 수시로 공비(共匪)를 토벌하기 위해 출동하였다. 출동이 있는 때는 항상 생명의 위험을 감수해야 하기 때문에 따뜻한 봄이 돌아왔지만 그리 반갑지만은 않았다. 이날도 박대길(가명) 경사와 강봉수(가명) 순경이 일조가 되어 출정하게 되었다. 행로는 아리랑 고개(이 고개는 동행로(東行路)에 있는 고개이며, 꼬불꼬불하여 지어진 이름이며, 연간 수십 번씩 교통사고가 나는 위험한 길이었다.)로 항상 이 길을 갈 때는 신경을 곤두세워야 했다.

우연의 일치일까 정문 앞을 곧 나서자마자 앞을 지나는 강아지를 치어 피가 낭자하게 길바닥에 뿌려졌다. 피로 범벅이된 강아지를 그대로 밟고 갈 수도 없기에 박 경사가 강 순경에게 시체를 치우고 가자고 했다. 강 순경은 굳은 얼굴로 장갑낀 손으로 강아지를 들어 길옆 밭담으로 치웠다. 그래도 기분이 썩 풀린 것은 아니어서 두 사람은 일시 기분을 돌리려고 잠시 사무실로 들어가 물 한 모금씩 마셨다. 창밖을 보니 봄 날씨이지만 음침한 기색으로 비가 내릴 듯 구름이 잔뜩 깔려 있었다. 출동을 나가기가 싫었지만 할 수 없이 출동 출발시간이 늦어졌고 김 순경이 운전대를 잡았다. 박 경사가 거북스런 표정을 지우지 못한 채 이제 출발하자고 하였다.

두 사람이 다시 차에 올라탔고 차는 아리랑 고개를 향했다. 아리랑 고개는 약 2km 정도로 한 시간이면 통과한다. 그런데 아리랑 고개로 들어서는 순간 세찬 비가 내리기 시작하더니 번개가 치고 천둥이 울어댔다. 운전대를 잡은 강 순경이 아차 하는 순간 "꽝" 하고 차는 약 3m쯤 되는 골짜기 밑으로 떨어져 버렸고 차바퀴가 하늘을 보는 상태가 되고 말았다. 세찬 비와 함께 번개와 천둥이 계속되었다. 얼마 후 전화벨이 김녕지서 사무실에 울렸다. "여기 아리랑 고개인데요. 자동차가 전복되어 두 분이 생명을 잃었습니다."

민보단원 피살

민보단원(民保團員)이 초소 순찰 교대 시간이 되어 남흘동 초소로 가는 도중 공비에게 피살되는 사건이 벌어졌다. 박중수(가명) 민보단원은 남흘동에 공비(共匪)가 습격해온 줄도 모르고 가던 중이었다. 남문 초소에서 남흘동 초소까지의 거리는 약 500m이다. 멀지 않은 거리이다 보니 방심한 박 대원은 긴장하지 않고 그냥 남흘동 초소로 전진했다.

중간 지점을 지나가고 있을 때 갑자기 앞을 막는 물체가 시야에 나타났다. 박 대원은 주춤하고 철창에 손을 뻗어 앞을 주시하면서 전투태세를 잡았다. 상대방도 걸음을 멈추고 서 있었다. 쌍방이 접전 태세에 들어갔는데, 저쪽에서 먼저 "탕, 탕, 탕" 하고 총으로 사격하였다. 다행히 총알이 박 대원을 비켜갔다. 박 대원은 얼른 엎드려 대응 체제를 갖추고 숨을 죽였다.

박 대원도 보신용 권총을 차고 있었다. 그러나 저쪽은 긴 소총이고, 박대원은 권총이기 때문에 먼 거리에서는 박 대원이 불리한 처지였다. 저쪽도 포복으로 살금살금 움직여 다가오는 기척이 났다. 박 대원은 그 자리에서 접근 거리에 들어오면 총을 쏠 준비를 하고는 방아쇠에 손가락을 걸고 기다렸다. 하지만 저쪽에서 먼저 다시 "탕, 탕, 탕" 하고 총을 쏘았고, 다행히 총알이 다시 비켜갔다. 이번에는 박 대원이 방아쇠를 당겼다. "탕" 하는 소리와 함께 불꽃이 공비의 앞에서 튀었다. 사거리가 부족한 것을 알게 된 공비 쪽에서 연속 사격을 하기 시작했고 결국 박 대원은 총에 맞고 말았다. 순찰대원(박중수 대원)을 기다리고 있던 대기소에서 총성이 들리자 일이 벌어진 것을 알고 찾아 나섰다. 잠시 후 잠을 자는 듯한 박 대원을 찾아 흔들었으나 이미 저세상 사람이 되어 있었다.

지서장 한 경위

  4·3사태 수습이 중반을 넘어가면서 동복, 덕천 마을의 소개민(疏開民)들이 김녕리로 이주를 끝내고, 월정리와 행원리는 본격적인 색출 작전을 하고 있을 때 경찰에서는 김녕지서 인원 보강에 나섰다.

  지서장에 제주 출신으로는 몇 안 되는 간부인 함덕 출신 한재길(韓在吉) 경위를 직급을 상승시키고 발령하였다. 직원을 보강함으로써 서청(西靑)토벌대와 균형 잡힌 활동을 수행하기 위한 조치였다. 한재길 지서장이 김녕지서장으로 부임되어 오자 김녕리에서는 천군만마(千軍萬馬)를 얻은 기분이었다. 신임지서장을 찾아 동, 서 김녕 마을 양(兩) 이장과 민보단장 등 여럿 유지(有志)들이 환영 인사에 참석하였다.

  한 지서장의 첫 대면 인상은 홍안에다 서민적인 분위기였고, 다른 경찰관답지 않게 온화하게 보였다. 유지들이 "우리 마을 치안을 맡게 되어 수고가 많겠습니다." 하자 "그렇지 않아도 김녕리는 피해가 적은 마을로 알고 있어 치안에 좀 안심이 됩니다." 하고 부드럽게 인사하였다. 그리고는 마을에 민보단 자경대가 조직되어 있어 사태 진압에 효과적으로 대응하고 있고, 입산 공비(共匪) 습격에도 잘 대처하느라 수고가 많았겠다고 격려하였다. "앞으로도 자주 찾아와 치안에 많은 협조를 당부한다."고 친근성을 내보였다. "특히 억울한 희생자가 없도록 인권에도 많은 관심을 갖겠다."고 소신도 피력하며 첫 만남을 화기애애한 분위기로 조성해 주었다.

한 지서장은 서청(西靑) 출신이 4명씩이나 배치되어 있었으므로 이들의 지나친 횡포에 신경을 많이 썼다. 혹시나 선량한 지역 주민들에게 피해를 입히는 일에는 단호히 대처해나갈 생각을 갖고 있었다. 현재 미결로 있는 일을 보고받고 보니 김녕 출신인 입산 무장대가 있었고, 이미 서청특별대에 의해 그의 모친이 감시 대상에 있었으며, 집은 방화 소각하기로 계획되어 있다는 것을 감지하게 되었다. 이러한 지경에 놓인 처지를 안 지서장은 '죄 지은 사람은 아들이지 그의 어머니가 무슨 죄가 있겠나!' 하고 서청특별대를 찾아 이 일은 관내 경찰에서 맡겠으니 손을 떼어달라고 요청하는 등 약자인 주민들을 배려해 주었다. 그리고 이후에도 억울한 일이 발생치 않도록 전 직원들에게도 지시해 두었다. 이처럼 인권을 지키는 것이 자기 소신임을 확실히 하자 직원들은 소신 있는 지서장이라고 높이 존경하게 되었다.

이런 상황에서 긴급 정보 하나가 들어왔다. 관내 동복리 이장이 누명을 쓰고 서청특별대에 수감 중에 있다는 내용이었다. 즉시 내사에 들어갔다. 확인해본 결과 의심하고 있는 것이 사실이 아니라고 확증되자 한 지서장은 즉시 서청(西靑)을 방문하여 누명임을 해명하고 희생에서 벗어나도록 하였다.

한 지서장이 이렇게 크고 작은 사건이 발생할 때마다 무고한 희생자가 발생치 않도록 신경을 썼고, 그 훌륭한 근무 자세가 상급 기관까지 알려지자 모슬포 경찰서장(경감)으로 승진 영전해갔다. 한 지서장은 퇴임 후 대한민국 경우회 제주도 지회장 16-18대를 역임하였다.

기억 속의 민보단장

　민보단(民保團)은 무장대(공비 유격대)의 침입을 막기 위한 자체 방어 조직이다. 1948년 10월 1일에 초대 김녕 민보단장(民保團長)에 서김녕 마을 7대 이장을 역임한 '이한정'이 임명되었다. 민보단은 18-55세의 성인 남성 250명으로 시작하여 850명까지 확대됐고, 부관 1명, 1, 2 대장에 각 1명, 중대장 3명으로 구성되었다. 민보단은 토벌 작전으로 출동할 때는 군인과 동일하게 무기를 소지토록 하였다.

　'이한정' 단장은 타고난 건강한 체격에 목소리까지 커서 청중 수백 명 앞에서도 마이크(확성기) 없이도(당시 마이크가 없었음) 쨍쨍하게 큰 소리로 청중을 압도하는 기백으로 지휘관의 틀을 갖추고 있었다. 모든 일에 정열적으로 대처하는 성격으로 민보단 활동에도 적극적이었다.

　한번은 서청토벌대 대장이 이 민보단장에게 민보단 내부에도 공비(共匪)들과 내통자가 있다 하고 살생부를 제시하였다. 이때 이한정 민보단장은 우리 마을을 지키는 대원들을 대장 당신이 믿지 못하면 단장인 나 자신부터 처형하라고 윗도리를 벗고 가슴을 내밀었다. 그리고 대대장으로부터 건네받은 살생부를 즉석에서 성냥불로 태워버렸다. 이 민보단장의 강경한 결기 어린 태도에 서청대장은 침묵하였다. 이렇게 강단 센 이한정 단장은 절체절명의 급한 순간들을 담대한 배짱으로 슬기롭게 대처함으로써 마을의 인명 피해를 줄일 수가 있었다.

이외에도 경찰과 서북청년단하고 자주 발생되는 불협화음적인 반목이 생길 때마다 굽히지 않고 당당한 태도로 맞서나가 마을의 피해를 줄이는 데 크게 기여하였다. 특히 서청의 불손한 지시에도 일관되게 대처해 나갔다. 이한정 단장은 민보단 활동을 관장하면서 산하에 젊고 날렵한 청년 30명을 선발하여 특공대(特攻隊)를 조직하여 군, 경 토벌대와 함께 공비 토벌 작전 수행을 도왔다. 그리고 대원들로 하여금 성 입초소(立哨所) 순찰 근무도 담당하게 하였다. 한편, 입산 무장대의 습격으로 초대 특공대장(박인주)이 살해되는 현장에서도 이한정 단장은 용케 피신하여 위기를 모면하기도 하였다. 또한 김녕중학교 학련을 측면적으로 많이 지원했으며, 성벽 쌓기 및 방호활동에도 주도적인 지원을 아끼지 않았다.

4·3사건이 안정될 때까지 '이한정' 민보단장의 활동상이 높이 평가되었으며, 김녕 마을에서 4·3사건이라고 하면 '이한정'이란 이름을 지울 수 없다는 명예가 김녕리 주민들의 기억 속에서 사라지지 않고 있다.

이한정

묘산봉과 남흘동

　김녕리 서편 묘산봉(描山峰)은 동편 입산봉(笠山峰)과 나란하게 마을의 양 어깨에 위치하고 있는 마을을 지키는 오름이다. 높이는 해발 116.3m이고 한라산 서남쪽을 향해 화구가 트인 말발굽형 분화구를 지닌 화산체이다. 오름 이름은 고양이 머리가 동쪽을 향하고 등은 마을을 등지고 누워 있는 형체라 하여 지어진 이름이다. 한라산을 향한 분화구가 마을에서 보이지 않아 속을 감추고 뒤에서 말을 한다고 하는 속설을 갖고 있다.

　오름 전체에 송림이 가득해 운치를 이루고 있으며, 남흘동과의 거리는 2km 정도 되어 입산 폭도(入山暴徒)들이 한라산 쪽에서 저녁에 내려와 묘산봉 화구에 숨어 있다가 밤이 되면 가까운 남흘동으로 내려와 습격하기 좋은 여건이 되었다. 김녕 마을에서는 단골 습격 장소가 된 남흘동이 산폭도들로부터 습격 피해가 많았다. 공비(共匪)들이 남흘동을 습격하여 식량을 강탈해갈 때마다 입산 무장대 행동책 '원갑선'(가명, 김녕 출신)은 사회주의로 빈부 없는 삶을 살 수 있다는 감언으로 선전 선동하는 연설을 할 때도 있었다. 한때는 '원갑선'이 이끄는 40여 명이 남흘동을 습격하여 많은 사람을 사살했고, 10여 호(戸)에서 많은 식량을 강탈하였다. 그리고 철수 도중 초소를 순찰하던 학련 학생과 덕천리 소개 이주민(疏開移住民)들을 사살했는데, 이날 모두 9명의 사람이 살상당했다. 이후 1952년 11월 20일 무장대(暴徒) 10여 명이 기습하여 남흘동 초소에 올라가 입초 중인 젊은이와 학생(김녕중학교 학련 학생)을 사살하였고, 초소 밖에 나가 있는 정찰병을 포함하여 초소 근무자 전원을 무참히 사살하고 사라지는 등 많은 피해가 남흘동에서 벌어졌다.

귀신 나오는 처형터

구좌 서부 지역(김녕, 동복, 덕천, 월정, 행원리)에서 처형이 이루어진 장소가 여럿이다. 김녕지서 앞밭에서는 동복리 소개 이주민(疏開移住民) 중에 입산 공비(共匪) 가족으로 지목된 30여 명이 월정리 주둔 서청특별대(西靑特別隊) 2연대 2대대 11중대에 의해 처형당했다. 김녕농협 앞밭은 덕천리 소개 이주민(疏開移住民)들에게 입산 공비(共匪)들과 내통하고 식량을 제공했다는 누명을 씌워 20명을 처형한 곳이다. 그 외에도 자주 행해지는 처형으로 김녕리에서는 두 곳이 처형장이라고 알려져 밤에나 비 오는 날이면 억울한 영혼들이 귀신이 되어 나온다는 소문이 온 마을에 퍼지게 되었다.

그리고 일제강점기 농회 창고로 사용했던 김녕농협 앞밭은 서청(西靑)과 경찰이 혐의자 등을 고문하던 곳으로 악명 높은 곳이었다. 한번 여기에 잡혀 들어갔다 하면 초주검이 되거나 죽어서야 나올 정도로 주민들에는 공포와 두려움을 주던 곳이었다. 밤이 되면 처형터 두 곳은 어린 아이들이 기피하는 악명 높은 거리가 되었고, 주민들이 주거지 개발도 기피하는 개발 기피 지역이 되었다. 아이들이 밤에 이 거리를 갈 때는 꼭 어른, 언니들과 같이 동행해야 하는 금단의 거리로 변하였다. 이곳 처형터 농지 주인도 농사를 지을 때마다 많은 사람들의 처형터였음을 잊으려고 하였으나 밭에 들어서는 순간 머리카락이 솟는 쭈뼛함으로 처형터 밭 한쪽은 정면으로 보기가 어려워 신경을 곤두세운다고 하였다.

어떻게든지 기억 속에서 지워보려고 노력하였으나 몇 해가 흘러도 처형터 생각이 잊히지 않았다. 그래서 혐오 장소에 불을 놓아 액땜할 작정을 하고 밭에 갈 때마다 불태울 거리(불이 잘 붙는 잡목 등)를 모으기 시작하여 일 년간 쌓아놓으니 제법 큰 더미가 되었다. 언제 불을 놓을까 고민하던 어느 날 밤 누가 불을 질렀는지 소방차 사이렌 소리가 요란하게 울어대더니 처형터가 불바다가 되었고 귀신이 놀라서 다시는 이곳을 찾아오지 않을 것이라 하고 밭주인은 한숨을 놓았다.

그러나 처형터에 대한 생각은 마음속 한구석을 떠날 줄을 몰랐다. 결국 밭주인은 마을 안에 있는 땅이지만 만부득이 남에게 헐값에 팔았다. 오래했던 밭과 이별하고 보니 마음 한구석은 텅 비게 되었다. 이렇게 4·3은 김녕리와 인근 마을의 많은 사람들을 희생시켰으며 평화로운 마을에 큰 상처를 안겼다. 아직도 악몽 같은 기억들이 구전(口傳)을 타고 몇 십 년 세월을 넘기며 전설로 이어지며 큰 상처로 남아 있다.

이 세상에서 우리 세대가 지나고 다음 세대의 세상이 오면 사람들은 4·3의 흔적을 기억하려고 할까? 상처는 세월 타고 사라지고, 이 마을에 평화의 향기가 가득한 세상이 오면 언제 그랬나 하고 고통스러웠던 세상은 조상들의 몫이었다고 잊혀질까? 다시 안 올 흘러간 옛일이 영원한 기억으로 남아 있으면 다시는 그런 세상이 오지 말라고 하늘을 우러러 기도하리라. 귀신 나오는 마을길이 아름다운 꽃으로 채워져 평화의 마을로 영원하기를 기원해본다.

동복 마을과 4·3

동백꽃은 4·3을 상징하며, 반딧불은 평화를 상징한다.

동복 마을과 4 · 3⁽¹⁾

　김녕리에서 도보 거리로 30여 분 서편에 위치하고 있는 인접 마을 동복리(東福里)는 설촌이 김녕리에 비하여 오래되지 않았다. 김녕리(1천 호가 넘는 마을)의 분촌이라고 여겨질 정도로 김녕리와 친인척이 많은 편이었다.

　제주의 중심에서 동쪽에 있다 하여 동쪽에 있는 복(福)받는 마을(東福)이라 이름 지은 평화롭고 복 받는 마을이며, 100여 호가 오순도순 모여 반농반어 촌으로 살아간다. 그리고 구좌면(읍)과 조천면(읍) 사이 경계에 있다는 뜻으로 제주의 옛날 방언으로 곰(경계라는 제주어)이라는 뜻과 막(막사리라는 제주어)이라는 두 글자를 합하여 일명 '곰막'이라고도 불렀다. 마을이 작다 하여 "생이(참새) 달이 하나로 온 마을 다 먹는다."하는 제주 농담이 거론되었던 일화가 있다.

　그런데 이런 평화로운 마을에 1946년에(광복 다음 해) 김녕 중학원(중학교)이 인가되고 신입생으로 입학한 '양화연'(가명) 학생이 김녕 마을 출신 입산자(입산공비)인 제 2의 '원갑선'이로 등장하였다. '양화연'은 김녕중학원(교) 학생회장을 하면서 요망진(일명 똑똑하다는 제주어) 학생이었다. 김녕중학원에 재직하는 서울 사대 출신 김 선생으로부터 총애를 받으며 유아독존(唯我獨尊)적인 우쭐하는 성격으로 자랐다. 일찍이 조실부모(早失父母)하여 외톨백이 성격을 가지고 있었는데, 해방 후 혼돈된 공산주의 사상(思想)이 판단력이 미숙한 나이 어린 학생을 덮쳤다.

호기심과 영웅심으로 가득한 '양화연'학생은 적색 사상의 선봉장이 되었다. 동복리의 자기 또래 친구 셋과 짝꿍이 되어 매일 투쟁할 계획을 짰다. 이들 셋은 '단독 국가 설립 반대, 살기 좋은 인민공화국 건설, 빈부격차 없는 잘사는 나라 세우자' 등의 구호가 들어간 삐라를 밤새워 수백 장을 서툰 붓글씨로 작성하였다. 새벽이 가까워지자 동복리의 동동, 중동, 서동을 각각 담당하고 뿌렸다. 이로 말미암아 동복리가 김녕 경찰서의 감시 대상이 되었고, 경찰에서는 수시로 마을의 동태를 파악하였다. 경찰의 구속 낌새를 알게 되자 '양화연'일행은 입산 집단 무장 공비의 집단으로 들어가게 되었다.

하루는 저녁 해가 서해 바다로 내려앉은 초저녁부터 한라산 허리에 봉화 불이 솟아올랐는데, 동복리 굴앗 동산에도 봉화

불이 세 개가 올랐다. 한 사람이 한 개씩 들어 올린 것이었다. 마을 사람들은 무슨 일이 벌어지려는지 노심초사하게 되었다.

별일 없이 넘어가나 했더니 한밤중이 되자 공비들의 작전이 개시되었다. 그새 숨어있던 '양화연'일행 입산 공비(共匪) 다섯이 위장한 복장으로 얼굴까지 알아보지 못하도록 위장한 모습으로 마을로 습격해 왔다. 김녕지서의 반대편 쪽인 동복리 마을 서쪽 끝의 두 집을 습격하여 식량을 약탈하고는 두 개의 마대에 담고, 집주인으로 하여금 지게에 짊어지고 동행하도록 강요하였다. 겁에 질린 집주인은 순간 꾀를 내어 입을 열었다. 잠간 소변을 보고 오겠다고 하여 틈을 얻고는 소변을 보는 척하다가 도망쳤다. 캄캄한 밤이라 탈출은 성공하였고 폭도(暴徒)들만 탈취한 식량을 어깨에 메고 도망쳤다. '양화연'이는 집밖에서 신분을 감추고 지휘하고 있었다. 그런데 다른 한 집에서 "탕, 탕, 탕, 탕"하는 총소리가 적막한 밤을 깨웠다. 이 집에서는 약탈을 거부하는 집주인을 총살하였고, 식량을 탈취하여 도망치듯이 사라졌다. 이 사건이 평화의 마을을 악명 높은 폭도 마을이라 불리게 된 서막이었다.

동복 마을과 4·3⑵

　'양화연'(가명)이 동복리 1차 습격을 성공리에 끝내자, 입산 공비 무장대에서는 '양화연'이를 동복리 전담 행동책으로 지정하여 힘을 실어주었다. '양화연'은 일일이 지시를 받지 않고도 독자적으로 무장대 활동을 할 수 있게 권한을 갖게 되었다.

　이렇게 되자 '양화연'이는 같이 입산한 세 명의 동료 말고 활동 인원을 더 확보하는 것과 활동 장비를 보강하고자 하였다. 총기와 실탄은 무장대 본부에서 지원되지만 그 외의 사소한 장비들은 자체적으로 해결해야했기 때문이었다. 우선 필요한 것은 사상 홍보에 필요한 등사판과 등사원지 등을 어떻게 확보하느냐 하는 것이었다. 고심 끝에 김녕중학원(교)에 다닐 때 생각을 떠올렸다. 학교에 있는 등사판을 탈취해오면 일이 쉬울 것으로 생각하고 조용한 휴일 날을 이용하여 김녕리 중학원에 침입할 계획을 세우기 시작하였다. 이때는 4·3 초기라

김녕리에 성이 쌓이기 전이였다.

'양화연'(가명)이는 세 명의 동료 입산자들 하고 사전 현장 답사를 하기로 하였다. 야밤을 이용하여 행동에 옮기기로 작정하고 행동개시 일을 남겨 놓고 있었다. 동료 입산자 한 사람이 "쇠도 단김에 때리라고 오래 기다리지 말고 오는 토요일 밤에 당직자의 순찰이 느슨해질 틈을 타서 사전답사하고 이튿날 일요일에 등사판과 등사원지를 탈취해옵시다."하고 제안하였다. 그 말을 들은 '양화연'은 그렇게 하는 것이 좋을 것으로 생각되었다. '양화연'은 즉석에서 그렇게 하기로 결정짓고 오는 토요일에 김녕중학원 약탈을 결행하기로 확정하였다.

결행할 토요일이 되었다. 결행 시간은 당직자가 잠들어 있을 때를 택하기로 하였고, 미리 학교 근처에 숨어있었다. 이날은 등사판이 있는 위치만 확인하고 학교 안으로는 들어가지 않기로 하였다. 김녕중학원 학교 건물은 임시 교사가 경찰지서 앞 인근에 있어서 신속한 연락이 가능하므로 매우 조심해야 했다. '양화연'이는 동료 셋을 불러 사전에 계획을 잘 세워두기 위하여 모의하였다. 건물위치와 출입문 위치 등사판이 있는 장소 등을 약도를 그려가며 위치와 활동 계획을 설명하였다. 각자의 임무는 한 사람은 숙직자를 불러내어 총으로 위협한 후 입과 눈을 수건으로 가린다. 이를 도와 또 한 사람은 양팔을 묶어 숙직실에 감금

한다. 나는(양화연) 등사판이 있는 위치를 알고 있으니까 등사판을 들고 나올 것으로 계획을 짰다. 그리하여 토요일은 현장 근처에 잠입하여 위치만 확인하고 돌아왔다. 이튿날 일요일 해가 서산에 내려앉자 서서히 김녕리 마을 인근까지 접근하였다. 어두워지기만을 기다리고 있다가 밤이 깊어지자 현장으로 접근하였다.

계획대로 동료 두 사람이 먼저 숙직실에 접근하여 문을 두드렸다. 안에서 숙직자가 문을 열고 나오는 찰라 잽싸게 숙직자를 덮쳐, 한 사람은 양팔을 뒤로 묶고 한 사람은 입과 눈을 수건으로 감겨 놓고 숙직실 안으로 처넣었다. 한 사람은 숙직자를 감시하고, 또 한 사람은 망을 섰다. 이 틈을 타서 '양화연'이가 황급히 등사판과 등사원지를 가지고 나왔다. 이렇게 하여 작전은 완전히 성공리에 끝내게 되었고 유유히 돌아갔다.

이 작전이 순조롭게 이루어지자 2차로 동복리를 습격할 계획에 들어갔다. 2차 습격은 한 단계 높여 식량 탈취팀, 운반팀, 입산 동조자 끌어오기 등으로 역할을 분담하였다. 입산 거부자는 현장 사살하고 경찰과의 내통자를 색출하여 처단할 것까지 계획에 포함시켜 놓자 인력 증원이 필요하여 입산 공비 본부에 10명을 지원 요청하였다. 2차 동복리 습격 날은 행동하기 좋은 구름이 낀 달밤을 택하기로 하였고, 적당한 날이 오기만을 기다리게 되었다.

동복 마을과 4 · 3⁽³⁾

　음력 보름이 다가오는 시기에, '양화연'^(가명)은 이번 보름날에는 구름이 낀 달밤을 기대하였다. 하루 이틀 지나면서 드디어 보름달이 뜨는 날이 왔다. 마침 기대하였던 구름 낀 날이었고, 10명의 지원군도 시간에 맞추어 도착하기로 되어있었다. 세 명의 동료 입산자들과는 동복리 2차 기습 계획을 미리 짜났다. 동복리 동동, 중동, 서동에 세 팀, 팀당 4명씩 투입하기로 결정하였다. '양화연'이 하고 또 한 사람은 뒤에서 망보기로 계획하였고, 지원군 10명과 동복리 입산자 4명이 포함된 총 14명이 투입되도록 하였다. 팀당 4명의 임무 분담은 우선 식량 탈취와 운반할 사람을 지정하는 일, 남은 사람은 활동력이 있어 보이는 마을 사람들을 대상으로 입산을 강요하고, 불응하면 강제로 끌고 오고 그렇게 해도 불응하는 경우는 현장에서 처단하기로 원칙을 세웠다.

마침내 약속 시간이 되니까 지원군 10명이 도착하였다. '양화연'이는 내심 하늘도 돕고 있다고 생각하며, 구름 낀 보름달을 반가워하였다. 세 팀(동동, 서동, 중동)에 각기 동복리 입산팀 한 사람씩을 투입하여 적시에 행동을 개시하기로 하였다. 총지휘는 동복리 행동책인 '양화연'이가 맡았다.

동복 마을이 조용히 잠드는 한밤중이 되자 드디어 '양화연'이 행동 개시를 지시하였다. 각 팀 동복리 입산자들이 선두로 나서며 마을을 향했고, 사전에 계획한 대로 각자 책임진 동으로 침투했다. '양화연'이와 공비 한 사람은 뒤에서 망을 섰다. 피습된 집에서는 식량 탈취에 들어섰는지 집집마다 웅성거리는 소리가 들리기 시작하였다. 습격에 들어간 지 반시간 정도 흘러 작전 종료 시간이 임박해지자 '양화연'이 호루라기를 "삑, 삑"하고 불어댔다. 각 팀에서는 식량 약탈 종료 시간이 임박했음을 알리는 호루라기 소리가 들리자 빠르게 행동하기 시작했다.

이쪽저쪽에서 "탕, 탕, 탕, 탕"하는 총성이 콩을 볶을 때처럼 요란하게 들렸다. 마을 사람들이 입산을 거역하는 모양이었다. 이 집 저 집에서 한 팀 두 팀 약탈조가 나오기 시작하였다. 식량을 지게에 짊어진 사람, 끌려오는 젊은이들이 몇몇씩 보였다. 그런데 마지막 팀이 나타나지 않았다. '양화연'이 어찌된 일인지 재빨리 가보니 '양화연'의 삼촌 집이었다. 이에 아차 하고 후퇴하고 말았다. 뒤에서 들리는 말이 '화연'이가 시켜서 하는 짓이냐 하고 싸우는 소리가 집밖에까지 들렸다. 조실부모한 어린 '양화연'이를 키워준 삼촌이었다. 그러나 이미 인륜(人倫)도 공산당에 팔아버리고 입산한 '양화연'이었다. 삼촌을 살려 낼 생각은 마음속에 있지가 않았다. 잠시 후 "탕, 탕, 탕, 탕"하고 네 발의 총성이 '양화연'의 귀를 때렸다. 삼촌을 쏜 총성이었다. 습격을 안 당한 집에서는 숨소리 하나 못 내고 쥐구멍으로라도 찾아 들어갔는지 아무 기척도 없었다.

'양화연'이의 삼촌 집에서 나오는 공비들은 탈취한 식량을 운반할 사람을 쏘아버렸는지 쌀가마를 폭도들이 어깨에 메고 나왔다. "양화연! 삼촌을 죽인 죽일 놈"하는 여자의 목소리가 길 밖에서도 들리자 다시 "탕, 탕, 탕, 탕"하고 요란한 총소리가 났다. 외숙모도 총격을 당한 것이었다. 이렇게 일을 끝낸 폭도들은 "탕, 탕, 탕, 탕"하고 총성을 터뜨리며 철수 신호를 보냈고, 탈취한 식량과 끌려가는 다섯 마을 사람들하고 유유히 사라졌다.

이날 습격으로 살해당한 사람은 총 10명이었고, 끌려 간 사람은 5명이었으며, 습격을 당한 집은 20호였다.

동복 마을과 4 · 3⁽⁴⁾

이튿날 날이 밝자 김녕 경찰지서에서는 어젯밤 습격을 당했던 동복리에 1개 소대 병력을 파견하여 사태 수습에 나섰다. 우선 공회당(마을회관)에 마을 이장을 나오도록 하였고, 습격당한 집에 병력을 보내어 피해 상황 조사에 착수했다. 대략 20호가 습격당했고, 식량을 탈취 당한 것으로 조사되었다. 인명 피해는 10명이 총으로 살해당하였고, 5명은 강제로 끌려간 것으로 파악되었다.

피해당한 집에 대한 입산 내력 여부와 특히 입산 폭도들의 내력 조사에 집중하였으며 내통하였는가에 대해서도 심층적으로 내사에 들어갔다. 마을 이장(里長)에게는 살생부 작성에 협조해 줄 것을 미리 알리고, 다음에 발생할 수 있는 습격에 대해서도 대비해줄 것을 요청하였다. 즉, 습격해 올 기미가 엿보이면 사전에 즉시 연락해야 하고 경찰지서와 거리가 있기 때문에 신속한 연락체계를 유지해 줄 것을 신신 당부하였다. 특히, 입산자 폭도(暴徒)들이 더 이상 늘어나지 못하게 자체적으로 대책을 세우고, 김녕리처럼 자체 경계 대책도 준비하고, 할 수 있다면 입산 공비들의 은거지가 어디인지를 알아 내 주었으면 좋겠다고 요청하였다. 입산 공비들은 식량이 부족해지면 마을 습격할 계획을 세우고 사전에 내통자를 확보하는 데 열을 올리는 조직적인 움직임이 있을 것이며, 점 조직을 이용해 확대해 나간다고 상세히 설명하였다. 마을 사람들에게 절대로 공비들의 혹세무민하는 말에 현혹되지 말라는 것이었다. 그리고 동복에는 오름이 없기 때문에 높은 언덕을 이용해서 봉화를 올려 습격이 발생할 때 정보 전달용으로 활용하도록 하였다. 식량이 떨어질 것을 감안하면 앞으로 넉넉잡아 일주일 후면 틀림없이 재차 습격을 감행해 올 것이므로 미리 피신처를 확보해 두었다가 습격해오면 숨는 등 사전 대비에 만전을 기해 줄 것을 부탁하고는 철수했다.

예측한데로 일주일쯤 넘어가자, 달이 늦게 뜨는 어두컴컴한 밤에 한라산 쪽 구릉 굴왓 동산에 봉화불이 올랐다. 입산 공비 '원화연'이 대대적인 습격을 계획하여 20명의 많은 대원을 동원하여 습격해왔다. 무장대 본부에서 5명이 더 증원되었고, 이번에는 저번 동복리 습격에 끌고 간 5명을 그동안 사상교육을 시켜 동원하였다. 혹시 도망치지 않을까 하여 4명은 선배 입산자가 감시를 하였고, 그중 가장 열성적으로 사상 교육시킨 1명은 습격에 투입되었다. 습격 시간은 달 뜨는 시간이 늦은 시기라 새벽 시간을 택하였다. 새벽이 다가올 때까지 마을 인근에서 대기하여 습격할 시간을 기다렸다.

습격 시간대가 되자 저번 습격 때와 같이 동, 서, 중동 3개 동을 습격하였다. 저번에 습격 않았던 집을 선택하였고, 식량 탈취는 종전처럼 하되 입산자 확보에 중점을 두었다. 특히 경찰 내통자들을 집중적으로 사살하기로 하여 대상인까지 파악해 두었다. '양화연'이 활동 개시를 명령하였고, 동복리 입산자가 선봉에 섰다.

새벽은 마을 사람들이 잠에서 깰 시간대이다. 신속하게 행동하여야 할 것이므로 공비 폭도들은 거침없이 습격에 돌입했다. 여기저기에서 소란한 소리가 일어났다. "왜! 곡식이 이것뿐이냐? 사람들은 다 어디로 갔느냐?"하는 다툼소리가 길밖에까지 들렸다. '양화연'은 이번에는 마을 중심에 서있는 높은 팽나무(5백 년 넘어 보이는) 위에 올라가 망을 서며 상황 파악에 나섰다.

여기저기에서 "탕, 탕, 탕, 탕"하는 총성이 연속적으로 울렸다. "으악"하는 비명소리 등 듣기 거북한 소리도 여기저기서 들렸다. 시간이 좀 지나자 식량을 짊어진 젊은이들이 약탈한 집에서 나오기 시작하였고 뒤에는 입산 공비가 뒤따라 나왔다. 새벽이 되자 닭이 "꼬…끼…오, 꼬꼬"하고 새벽을 알린다. '양화연'이는 시간이 되었음 알리는 호루라기를 "삑, 삑"하고 울렸다. 각 팀에서는 서둘러 식량을 지개에 짊어진 젊은이 여럿이가 입산 공비의 감시를 받으며 나오고 "탕, 탕, 탕, 탕" 철수한다는 신호를 울리며 유유히 사라졌다.

'양화연'이 인원을 확인해보니 전번 습격에서 입산한 사람 중 한 사람이 보이지 않았다. 큰일 났다고 생각했으나 시간은 이미 흘러 하늘이 밝아 있었다. 이미 한 사람이 탈출해서 숨어버린 것이었다.

마을에서는 습격이 있을 것에 대비하여 집집마다 임시로 먹을 정도의 식량만을 곳간에 내놓고 나머지는 따로 다른 곳에 숨겨두고 있었다. 젊은 사람들은 숨을 곳을 미리 확보해 두었다가 습격을 당하니 얼른 숨어버렸다. 그리고 습격 시간대가 새벽이라서 시간이 부족하였다. 이번 습격에는 습격 인원이 증원되었으나 식량 탈취가 적었으며 젊은이들의 납치도 많지 않았다. 그리고 저번에 납치된 사람 중에서 한 사람이 탈출되어 입산 공비 토벌에 큰 영향을 미치게 될 상황이었다.

인명 피해 사망자 10명, 강제 납치자 4명, 수탈 식량은 저번에의 반 정도 수준이었다. 습격된 집은 저번보다 10호가 많은 30호가 당했다.

이렇게 공비 폭도(共匪暴徒)들로부터의 습격이 연속되자 평화로운 마을이 악명 높은 폭도 마을이라는 이름으로 시달리게 되었다.

동복 마을과 4 · 3(5)

　새벽에 입산 폭도들로부터의 공포의 습격이 지나고 나니 동쪽 하늘에는 붉은 해가 불끈 솟아올랐다. 공비들의 새벽 습격 사건을 조사하려는 듯이 밝은 햇빛이 마을 곳곳을 비추기 시작하였다.

　김 이장은 새벽이 되자 아침 식사를 드는 둥 마는 둥하고 옷을 주섬주섬 입고는 경찰 김녕지서로 달려갔다. 새벽에 폭도들이 다시 습격해 왔었고 습격 인원은 20여 명 정도였다고 보고하였다. 그리고 피해 내용을 대략 설명하였는데, 저번 습격에 산으로 끌려갔던 한 명이 현재 피신하여 마을에 숨어있으니 이 사람에게서 입산폭도들이 숨어 사는 은거지를 찾는 데 큰 도움이 될 것 같다는 것까지 말하였다. 이 말을 들은 한 지서장은 "수고했습니다. 잠깐만 여기서 대기하고 있으면 전번처럼 병력을 동원하여 내가 직접 찾아 나설 것이니 같이 갑

시다."하고 배려해 준다. 저번에도 큰 신세를 졌던 김 이장은
"고맙습니다. 고맙습니다."연 거푸 인사하였다. 한 지서장이
잠시 후 1소대 병력을 트럭에 태우고 지서로 왔다. "김 이장
님 어서 타십시오."한다. 한 지서장 일행은 동복리에 도착하
자마자 먼저 귀순한 사람 찾기에 나섰다. 수색 끝에 공비로부
터 탈출한 사람을 찾고 마을 공회당으로 데리고 와서 김 이장
앞으로 데려왔다. 한 지서장은 그 사람이 안정되도록 배려하
고는 이야기를 하였다.

"젊은이가 마을에 있으면 다시 폭도가 습격해 올 것이고, 생
명에 위협을 받게 되니 마을을 떠나는 것이 좋겠네. 김녕리에
우리들하고 같이 있으면 신상 보호도 되고, 우리들하고 폭도
무장대들이 숨어 사는 은거지를 찾아내면 다시는 폭도들이 동
복리를 습격하지 못하도록 괴롭히지 않게 해 드릴 것이니 내
말을 잘 듣고 마음을 푹 놓고 협조해 주시오."하였다. 김 이장
도 "그렇게 하는 것이 자네 신상도 보장되고 마을도 살리는 것
이 될 것이므로 그렇게 하자."고 권유한다.

공비들로부터 도망친 젊은이는 잠시 멈칫하다가 쾌히 "그렇
게 하겠습니다."하고 신속하게 대답을 하였다. "그러면 잠시
김 이장님하고 여기서 기다리라."하고 한 지서장은 새벽에 피
해 입은 집들에 대한 조사 진행 상황을 점검하러 나섰다. 김

이장은 "김 군, 자네 잘 결정했네. 한 지서장은 이웃 함덕리 출신이고, 좋은 분이니 자네를 잘 보호해주고 우리 마을도 지켜줄 것이네. 좋은 결정을 했네."하고 격려를 하였다.

투입된 경찰관들의 동복리 2차 피해 상황 조사는 시간이 좀 걸렸다. 이번에 습격된 집이 저번보다 10호가 많은 30호에 달했으며, 식량은 이미 딴 곳에 숨겨놓아 수탈이 덜 되었으나 인명은 10명이 피살되었고, 4명이 산으로 끌려갔다고 보고되었다. 그리고 산(山)으로 끌려간 사람에 대한 신분 조사와 기 입산한 공비(共匪)들에 대한 신상조사는 매듭 짓지 못하였으나 계속 수사를 해 나갈 것으로 하고는 일단 철수하기로 하였다. 한 지서장은 모든 사항을 매듭짓고 공회당으로 돌아왔다. "그러면 할 말은 다 끝났으니 우리들하고 같이 가면 기거할 집이랑 숙식 등 모든 것을 해결하도록 조치해 줄 테니 걱정하지 말고 같이 가자."고 한다. 김 이장은 "잘되었다. 하루라도 여기 있으면 신상을 보호받지 못할 것이니 어서 떠나는 것이 좋겠다."고 하였다.

이렇게 새벽에 있었던 2차 공비 습격 사건은 신속하게 정리되었다. 한 지서장은 "모든 것 끝났으니 쉬도록 하십시오."하고 김 이장과 작별인사를 하였다. 한 지서장과 김 이장이 인사를 나누는 가운데, 김 이장은 "우리 마을을 많이 보살펴 주어서 고맙습니다."하였고, 한 지서장은 "새벽부터 닥친 습격으로 고생이 많았습니다."하며 작별 인사를 하였다. "이분을 잘 지켜드리겠으니 안심하고 계십시오."하고 작별하였다.

한 지서장은 '큰 수확을 얻었다. 입산 폭도들의 은거지를 기필코 찾아내고 말겠다.'하고 단단하게 각오했다.

경찰과 서청 간의 작전회의

　제주도 구좌 지역에서도 4·3사건의 진압을 위한 수색과 토벌작전을 효과적으로 수행하기 위해 수시로 작전회의를 열었다. 회의는 김녕지서와 월정리에 주둔하고 있는 서청특별대에서 번갈아 열렸다.

　이번 주제는 요즘 자주 발생하는 입산 공비들의 동복리 습격에 따른 피해 내용과 이에 대응하기 위한 대책 등이었다. 이번 회의 장소는 월정리 서청 특별대에서 열렸다. 김녕 경찰지서에서는 지서장이 2명의 수행원을 대동했다.

　"안녕하십니까?"하고 지서장이 서청특별대에 들어서면서 인사한다. 서청특별대 대장이 "어서 오시오."하고 한 지서장을 맞이했다. 서청특별대 대장과 2명의 대원하고, 경찰지서장과 수행원 2명이 남북 회담장처럼 마주 앉았다.

　회의 주제는 요즘 자주 발생하고 있는 입산 공비들의 동복리 습격 사건이었다. 김녕 지서장은 "최근에 습격으로 피해 입은 내용과 규모, 특히 심상치 않은 인명 피해와 여럿 젊은이들이 산으로 끌려간 사건이 매우 심각합니다."고 하고는 "이에 대응책이 있어야 하겠습니다."고 말한다. 경찰지서장의 말을 듣고 서청특별대 대장은 "동복리에서 습격을 주동하는 마을 출신 입산 공비를 어떻게 하면 잡아내느냐 하는 일이 첫 번째 방안이 되겠다."고 하면서 "습격해오는 길목에 잠복해 있다가 잡는 방법이 있습니다."고 하였다. 경찰지서장도 "그 작전에 대해서 수긍이 간다."고 전제하고 "어느 쪽에서 공비들이 내려오고 어떻게 대비하느냐가 문제일 것 같다."고 하였다. 이에 "그 일은 상호 협의하기로 하자."고 서청대장이 말하였다. 이에 경찰지서장이 안을 제시하였다. "입산 공비들이 틀림없이 가까운 선흘곶(동복리에서 한라산 쪽으로 5km 이상 떨어진 곳자왈) 근처에 숨어살면서 습격해오는 것이 틀림없으며, 그곳을 찾아내어 기습하여 잡아내는 방법도 있다."고 하자 "그것도 한 방법이다."고 서청대장이 좋은 안이라고 하였다. 그리고 "이 작전도 어느 쪽에서 맡느냐가 문제일 것 같다."고 하였다.

이렇게 하여 대체적인 방안이 도출되었으나 이제는 '어느 쪽이 어느 곳을 맡느냐?'하는 문제만 남게 되었다. 어느 정도 안이 매듭지어 가자 잠시 자기 입장에서 어느 쪽을 맡아야 될 것인가에 경찰지서장과 서청대장이 뜸을 들인다. 잠시 후 경찰지서장이 "우리가 선흘곶 근처에 숨어사는 은거지를 습격하겠다."고 먼저 제시한다. (그것은 입산 폭도들로부터 탈출한 젊은이가 있어서 작전을 쉽게 할 수 있을 것이라는 생각이 있어서였다. 그리고 병력이 적은 입장에서 선흘곶 근처를 담당하는 것이 상책인 것 같은 생각이 든 것이었다.) 그러면 "경찰에서 선흘곶 근처를 맡아 숨어사는 은거지 습격을 맡으면, 우리는 앞으로 동복리가 소개(疏開) 마을로 확정될 경우 서청특별대가 맡게 될지도 모르니 가까운 곳에서 습격 해오는 길목에 잠복해 있다가 기습하는 것도 한 방법이 될 것 같은 생각이 든다."고 서청대장이 입을 열었다. 이에 경찰지서장이 "서청대장의 의견도 좋습니다."하고 쌍방의 의견이 매듭지어졌다. 오늘은 이것으로 작전회의를 끝내기로 하고 앞으로 있을 작전에서 상호 유기적으로 대처해 가기로 하고 회의를 끝맺었다.

동복 마을과 4 · 3⁽⁶⁾

입산 공비 양화연이 세 번째 습격을 모색하였다. 전번의 새벽 습격은 식량 탈취에 큰 성과가 없었다. 집집마다 식량을 딴 곳에 미리 숨겨 놓았기 때문에 많은 양을 수탈하지 못한 것이 문제였다. '어떻게 하면 좋을까?'하고 고심했다. 이번에는 여러 가지 목적을 동시에 수행하는 작전 대신 식량 확보에 주력할 생각이었다. 식량은 공비 본부로부터 실탄을 지원받을 수 있는 물물교환의 대상이었다. 식량을 보내지 않으면 실탄 확보가 어렵고, 이는 전투력 약화를 초래하기 때문이다.

양화연이 대원들을 모아놓고 습격 대책을 논의했다. 식량 확보의 중요성을 강조하고 이번 습격에는 식량 탈취에 중점을 두겠다하고 각 팀마다 목표량을 정해 놓았다. 최소한 팀당 3마대씩 식량 탈취 책임량을 할당했다. "식량을 채우지 못하면 우리는 죽는다."하고 겁을 주었다. 대원들의 표정이 심각하게 변했다. 문제는 동복리는 농토가 협소하여 식량을 충분히 확보하고 있는 집도 많지 않다는 점이었다. 모두 골고루 가난한 집들뿐이라는 것은 이미 알고 있는 상황이었다. 어떻게 하면 될 것인가 하는 문제가 핵심이었다.

이번에는 온 마을을 습격 대상으로 하고 적던 많던 모조리 탈취해오는 방법밖에 없으니 팀마다 최소 책임량 3마대에 구애 받지 말고 무한 탈취를 목표로 작전을 세웠다. 양화연이 식량을 운반할 젊은 사람을 최대한 확보하여 운반하라고 강력하게 지시하였다.

공비 폭도 집단들은 목표를 세우면 수단과 방법을 불문하고 무조건 돌진하는 경향이어서 양화연의 공비 대원들은 죽을 각오로 임할 수밖에 없었다. 이번에도 습격 출동 대원은 30명 이상으로 대대적인 습격이 될 것이었다. 팀당 6명씩 4개 팀으로 식량 탈취를 위한 조를 편성하였다. 하지만 운반 팀은 편성이 안 되었으며, 각 팀에서 마을 젊은이를 확보하여 운반하는 것으로 계획하였다. 그리고 2명은 '양화연'이와 함께 망을 서기로 하였고, 동복리의 상황을 살피기 위한 탐색 조가 투입되었다. 저번에 끌고 간 입산자들은 탈출을 우려하여 전원 대기 시켰다. 습격 적기는 어두운 가운데에도 길을 찾기가 쉬운 구름 낀 달밤이 최적이다. 달이 뜨는 일주일 사이는 언제라도 좋다. 보름달이 뜨는 날이 다가왔다. 양화연은 이번에도 구름 낀 달밤이 되기를 기대하였다. 그러나 미소로 가득 찬 밝은 달이 평화롭게 온 마을을 비추고 있었다.

둥근 달이 이어지던 마지막 즈음에 반갑게도 구름이 끼어주었다. 공비들은 이때다 하여 습격에 나섰다. 동복리 마을 위쪽 굴왓 동산에 횃불이 올랐다. 마을의 동향을 살피러 갔던 대원이 습격해도 좋다는 신호를 올린 것이었다. 각 팀은 양화연의 행동개시 지시를 기다렸다. 드디어 "행동개시!"하고 양화연이 나지막하게 소리쳤다. 앞에서와 같이 입산 선배들이 앞장을 섰다. 구름이 낀 달밤이라 출동이 순조로웠다. 양화연이 전번처럼 팽나무에 올라 감시에 들어갔다. 여기저기에서 소란스러운 소리가 복합되어 들려왔다. "이것밖에 없어?" "왜 이것밖에 없느냐?" "감춰 논 곳을 말하라"등의 외침들이 고요한 밤을 어지럽히기 시작하였다. "탕, 탕, 탕, 탕"하는 총소리가 정적을 뚫고 쏟아졌고, 온 마을이 와자지껄하니 소란스러워졌다.

잠시 후 양화연이가 호루라기를 "삑, 삑"하고 울렸다. 시간이 다 되가니 철수를 준비하라는 신호였다. 마을을 습격한 입산 공비들은 각 조마다 악착같이 쌀 마대 할당치를 채우기 위해 몸부림쳤다. 여의치 않은 경우 반 마대 온 마대 가리지 않고 들고 나왔다. 이번에는 다들 숨었는지 젊은 사람은 한사람도 못 데리고 나왔다. 철수 시간이 다 되자 "탕, 탕, 탕, 탕"하고 철수 신호를 내고는 마을에서 유유히 사라졌다. 결과는 지금껏 동복리 습격 중에서 피해 수준과 성과가 가장 적었다.

피살 사망자가 3명이었고, 식량 탈취는 계획 미달이었다.

마을 젊은이들을 미리 김녕리로 피신시켰고, 식량도 따로 보관한 결과였다.

동복 마을과 4 · 3⁽⁷⁾

　동복마을 김 이장은 항상 달뜨는 밤이면 입산 폭도들로부터 습격을 당하고 보니 밝은 달이 뜬 밤이 달이 뜨지 않는 캄캄한 밤보다 고마워 할 일이 못되었다. 이렇게 마음 쓰린 생각을 갖고 있던 김 이장은 어제 달밤에 또 다시 공비 폭도들에게서 습격을 당하고 보니 캄캄한 밤을 훤히 밝혀주는 고마운 달님에게도 원망스러운 마음을 가질 수밖에 없었다.

　이번에도 동내 젊은이 한 사람을 대동하고 폭도들로부터 습격을 당했음을 알리려 불이 나게 챙겨 입고 김녕지서로 달려갔다. 새벽같이 달려온 김 이장을 맞이한 당번 경찰관은 즉시 지서장에게 습격당했다는 보고를 했고, 지서장도 보고받는 즉시 사무소에 출근했다.

　한 지서장은 김 이장을 맞이하며 "고생 많이 했습니다."고 하고 양손을 불끈 잡아준다. 잠시 후 자초지종을 설명하며

"이번에 30여명 넘는 많은 인원으로 대대적인 습격을 감행해 왔으나 인명 피해는 노인 3명인데, 식량을 안 내놓는다고 시비 끝에 피살당했으며, 젊은 사람 중에 끌려간 사람은 한 사람도 없었습니다. 식량 탈취가 주목적인 것 같았습니다."말 하였다. "식량을 이미 각 집마다 따로 숨겨 놓았기 때문에 소량밖에 탈취 당하지 안 했으며, 습격으로 인한 피해가 적은 편입니다."고 말했다. 습격에 대한 설명을 들은 지서장은 김 이장에게 한 가지 협조를 요청했다.

"이번에 습격을 또다시 받고 보니 입산자가 숨어살고 있는 곳으로 추정되는 곳이 가까운 '선흘곳'근처일 거 같은데 김 이장님이 선흘곳으로 가는 길이나 지형 등에 대해서 알고 있는 것을 이 종이에 그려주고 표시해 주시면 좋겠습니다."하고 16절지 한 장과 볼펜을 책상위에 올려놓는다. 종이를 받은 김 이장은 여러 번 선흘곳에 다녀온 적이 있는 모양이다. 종이를 받자 그림을 그리기 시작한다. 그렇지 않아도 가까운 선흘곳에 가서 땔나무를 여러 번 해온 적이 있기 때문에 선흘곳의 지리에 대해서는 훤하게 알고 있었다.

그렇게 완성해 놓은 그림위에 몇 곳을 표시해놓고 이 두 곳이 숨기 좋은 조건이 갖추어져 있다고까지 설명한다. 상세하게 그림 그리듯이 된 지도를 들여다 본 지서장은 "정말 상세

히 선흘곳을 알고 계십니다. 고맙습니다."하고 답례를 아끼지
않는다. 잠시 후 지서장은 "잠깐만 기다리고 있으면 우리 직
원들하고 현장 조사를 가게 될 테니 같이 가십시오."하였다.

  잠시 후 공비들에게 의해 산으로 끌려갔다가 숨어서 탈출한
젊은이 김군이 와서 김 이장에게 공손히 인사드린다. 지서장
이 보낸 것 같았다. "그동안 평안히 있었나?"하고 김 이장이
손을 덥석 잡아준다. 그동안은 마음이 편했던지 얼굴색도 좋
아 보였다. 젊은이가 "지서장님이 많이 배려해주십니다."하였
다. "지서장에게 고마운 인사를 드려야겠다."하고는 등을 두
드리며 격려하였다. "그러면 앞으로도 지서장님 말을 잘 듣고
충실히 하라"하였다. 김 이장에게 인사를 마친 젊은이는 김 이
장과 같이 온 젊은이하고 서로 껴안고 포옹 인사를 한다. 이
산가족 상봉처럼 "정말 다행이다. 세상이 편해지면 우리가 옛
날같이 오순도순 같이 지낼 때도 있겠지."하며 서로 작별인사
를 나누었다. 좀 시간이 흘러 지서장이 트럭에 순경 5명을 태
워서 왔다. 김 이장네는 공비들에게서 탈출한 젊은이에게 작
별 인사를 하고는 헤어졌다. 일행을 태운 트럭이 서쪽을 향하
여 "부릉"하고 출발하였다.

선제공격 준비

경찰 김녕 지서장(한재길)은 동복리가 계속해서 습격으로 피해를 입게 되자 그냥 앉아서만 당할 수 없다고 생각했다. '우리가 선제공격을 해야 되겠다.'고 결심을 하게 되었다. 며칠 전 작전회의를 열어 이미 세워놓은 계획을 실행에 옮기기 위해 김녕 지서장은 무전기를 들고 월정리 주둔 서청특별대 대장을 불렀다.

"김녕 지서장입니다."하는 말에 서청대 대장이 "어쩐 일입니까?"하고 응답한다. "어제 밤에 다시 입산 폭도들로부터 동복리가 습격을 당했습니다."고 하자 "그래요. 또 큰일을 당했습니다."한다. 이어서 김녕 지서장으로부터 습격 내용을 상세히 듣는다. '이번 습격은 30여 명의 인원으로 대대적으로 습격해 왔으며, 인명피해는 노인 3명이고 식량 탈취는 소량이라고'하며 동복리 주민들이 자체적인 대응력이 생겨 식량도 이미 감춰놓고 젊은 사람도 대피소를 마련하여 숨었기 때문에 피해가 적었다고 말하고 공비들이 다음에는 대대적으로 습격해 올 것이 틀림없으니 우리가 먼저 선제공격을 취해야 될 것 같은 생각이 듭니다."하고 "전번 작전 회의에서 결정한 작전을 행동으로 옮기는 것이 어떨까 하여 의사를 타진하는 것입니다."고 하였다. 서청대장은 상세히 들은 다음 "내가 생각해도 그 방법밖에 별도리가 없을 것 같으니 각자 계획을 세우고 실행에 옮기기로 합시다."한다. 그러면 경찰지서에서도 계획을 단시일 내 세우고 행동으로 옮기기로 하고는 "자! 성공하도록 합시다!"하고 통화를 끊었다. 이렇게 서로 협력하기로 하고 김녕 지서장은 즉시 작전 계획을 세우기 시작했다. 우선 차석과 몇 사람(3명)의 직원을 불러놓고 월정 서청특별대 대장과 통신한 이야기를 하며, '선제공격을 하기'로 하였다고 말하였다. 회의를 열기 전에 김녕 지서장은 어느 정도 습격 작전을 구상해 놓고 있었다. 책상 위에 동복리 김 이장이 그려놓은 약도를 올려놓았다.

　김 지서장은 작전에 투입할 인원은 경찰지서에서 1개 무장 소대를 투입하기로 하며, 선흘곶에 입산 공비들이 숨어 살고 있는 곳을 찾아내어 선제 습격할 것이라고 말했다. "습격할 시기는 낮에 기습적인 습격을 하는 것이 어떠냐?"고 하자 '폭도들은 낮에는 잠을 자며 쉬고 있다가 밤에만 활동하기 때문에 낮에 습격하는 것이 좋겠다.'고 의견이 모아진다. 그러면 우선 입산 공비들이 숨어서 살고 있는 곳을 찾는 일이 선결 문제인데 여기에 선흘곶으로 들어가는 길과 예상되는 장소 두 곳을 미리 찾아 놓았는데 작전에 참고 하기 위해 약도를 보라고 하였다. 다들 약도를 돌려본다. 공비들이 숨어 사는 곳을 찾는 작전에는 차석하고 여기 세 사람과 동복리 김 군을 대동하는 것이 위치를 찾는 데 도움이 될 것 같은 생각이 드니 여러분들의 의견은 어떠한지 묻는다. "그것도 하나의 방법입니다. 동복리 김군을 대동하면 길을 찾는 데 도움이 될 것입니다."한다. 습격하기 전에 수차에 걸친 사전 답사를 하는 것이 작전을 성공적으로 끝낼 수 있을 것이라 판단하여 선제공격 계획을 확정하고는 내일부터 수색에 나서기로 하였다.

김녕 지서장은 차석 등과 방금 결정한 대로 직원 세 명과 동복리 김 군하고 다섯이 내일부터 수색 작전을 수행하라고 하면서 김 이장이 작성한 선흘곶 약도를 차석에게 인계하였다. 차석은 즉시 직원 3명과 동복리 김 군을 모아놓고 수색 계획을 짜기로 하였다. 다섯이 한자리에 모이자 차석이 "출정을 어떻게 했으면 좋겠냐?"하였다. 그것은 수색을 나가는 데 있어서 복장을 어떻게 하면 좋겠느냐 하는 뜻이었다. 전투복 복장이냐 아니면 민간인으로 위장하고 호신용 권총만 소지하고 수색에 나서야 될 것인지 하는 두 가지 안을 제시하자 직원 한사람이 의견을 말한다.

"적은 인원이기 때문에 전투 복장을 하면 노출되기 쉬우니 민간인으로 위장하고 조용히 수색하는 것이 좋을 것 같습니다."고 한다. 차석이 그 말을 듣고 보니 맞는 말이라 생각되어 '민간인 복장으로 위장해야겠다.'고 확정지었다. 그러면 내일 아침부터 작전에 들어간다고 차석이 지시하였다. 차석은 지서장을 찾아가서 "이번 수색 작전은 민간인 복장으로 위장하여 침투하겠습니다. 소수 인원으로 구성되기 때문에 민간 복장으로 위장하는 것이 효과적 일 것 같습니다."고 계획을 보고하였다. 이에 "그것 참 좋은 계획이다."하면서 "내일 출전에 만전을 기해 달라."고 지서장이 당부하였다.

이튿날 아침 출전할 다섯은 어색한 민간인 복장이지만 활동에 편하게 입고 나왔다. 호신용 권총 1정씩을 배정받고 지서장 앞에 모였다. 꼭 입산 공비들의 은신처를 찾아내겠다고 결의하였다. 김녕리에서 선흘곶까지는 지프차로 신속하게 움직이고, 선흘곶에서 조금 먼 곳에 차를 세워놓은 다음 수색 작전을 펼치기로 하였다. "꼭 성공하고 돌아오겠습니다."하고 인사를 하고 출발하였다.

입산 공비 찾기

　청명한 봄날 아침이었다. 오늘은 선흘곶에 숨어살고 있는 입산 공비들의 은거지를 찾기 위해 김녕 지서에서 수색대가 출발하는 날이다. 같이 출발할 김녕지서 순경 4명과 동행자 김 군(동복리에서 입산 공비들에게 끌려갔다 도망친 귀순자)하고 다섯 명이 모였다. 일찍부터 지서 정원에서 출발 시간에 맞춰 대기하고 있었다. 한라산이 정상에 흰 구름 모자를 쓰고 있었는데, 이는 며칠 안에 비가 내릴 징조였다(비구름이 한라산을 넘어오면서 정상에 갓처럼 생긴 모자형태의 구름이 생기면서 며칠 후 비가 내리는 경우가 많기 때문임).

　수색대 다섯 명이 지서장 앞으로 모여섰다. "다녀오겠습니다."하고 인사하자 "어서들 다녀오게, 성공을 비네"하고 지서장이 격려한다. 전원 지프차에 오르자 '부르릉'하고 차가 출발하면서 먼지가 차를 밀어내듯이 뒷바퀴에서 피어오른다. 차는 30여 분을 달려 선흘곶과 가까운 편인 덕천 마을 위쪽 인근에 도착하였다. 덕천 마을은 상덕천과 하덕천 두 개 동이 있는데, 상덕천(上德泉)과 가까운 선흘곶 인근에 차를 잘 보이지 않게 세워두었다. 걸음으로 20분이면 목적지 선흘곶에 도착하게 될 것이었다.

수색대원 모두가 차에서 내렸고 민간인으로 위장하였기에 봄 산나물 캐기를 하면서 위장 수색 작전을 진행하였다. 산나물을 캐서 넣는 마대도 하나씩 들고 다녔다. 지서장에게서 받은 선흘곶 약도의 지점을 찾느라고 여기저기를 헤매였다. 그렇게 수색한 지 두어 시간이 흘렀지만 해당 지점을 쉽게 찾지는 못했다. 차석은 한 번 더 약도에 표시된 입산 공비들이 숨어 있을 것으로 예상되는 곳으로 보이는 장소들을 조사해 보았으나 곶자왈을 구성하고 있는 나무숲들이 여기가 저기 같고 저기가 여기 같기도 하여 좀처럼 공비들의 은신처를 찾지 못하였다. 이에 오늘은 이만 하고 내일은 딴 곳으로 이동하여 찾아보기로 하였다.

"오늘은 허탕치고 돌아왔습니다."하고 기다리고 있는 지서장에게 수색 활동을 보고하였다. "고생들 했네, 일단 다들 좀 쉬도록 하게"하고 지서장이 지시하였다. 지서장이 휴식이 끝날 시간에 맞춰 차석을 불렀다. "오늘 찾아 본 곳은 이 장소가 아닌 것 같습니다. 내일은 다른 곳을 찾아보기로 하였습니다." 하고 차석이 김 이장이 만들어 준 선흘곶 지도를 펼쳐놓고 보고한다. "내일은 오늘 살펴본 곳보다 좀 더 깊숙이 들어가서 숨기에 좋은 위치로 보이는 곳을 살펴보려고 합니다. 어느 쪽으로 들어가야 숲으로 쉽게 접근할 수 있는지와 사람들이 출입했던 흔적 등을 찾아 세심히 접근해보겠습니다. 그리고 동복 마을 출신 김 군도 밤에 끌려 왔었지만 오늘 조사한 장소는 아닌 것 같다고 하였습니다."하고 상세한 수색 내용과 내일 수색 계획을 보고하였다.

이튿날 아침 다시 수색에 나서기 위해 모였다. 날씨가 어제와 다르게 구름이 많이 끼어 있었다. 며칠 내로 비가 올 것 같았다. 구름 낀 날씨가 공비들의 은신처를 수색하는 데 유리할 것으로 판단되었다. 김녕 지서 앞뜰에 지서장과 출발할 수색대 전원이 다 모였다. "오늘은 꼭 성공하도록 하겠습니다."하고 인사를 하고 모두 차에 올랐다. 구름 낀 날씨 때문인지 '붕'하고 출발해도 먼지가 잠잠했다. 이번에는 김 군 등이 끌려갔을 것으로 추정되는 길을 따라 동복 마을 가까운 곳부터 은신할 만한 장소를 찾아내려고 시도했다. 사람 발자국에 의해 풀이 죽은 곳이 있는지 세심히 살펴보면서 천천히 수색을 넓혀가기 시작하였다. 잠시 후 동복 마을 출신 김 군이 '차석님'하고 조용히 부른다. "여기를 좀 보십시오."한다. 분명히 발에 밟힌 흔적들이 여러 곳에 보였다. 다들 숨죽이고 조심해서 살펴보니 숲 안쪽으로 풀로 위장한 움막이 있는 것이 보였다. '저 장소가 틀림없다.'고 판단한 수색 대원들은 슬그머니 철수했다.

입산 공비에 대한 선제공격

　"서청대장입니다."하고 서청특별대 대장으로부터 전화가 왔다. "그새 안녕하셨습니까?"하고 김녕 지서장이 서청대장의 목소리에 답하였다. 이에 서청대장의 말이 이어졌다. "저번에 결정한 입산 공비에 대한 선제공격을 언제 어떻게 습격하면 좋을까 하고 생각해 봤습니다. 기왕이면 같은 날 서청특별대와 김녕 지서 양쪽에서 동시에 다발적으로 습격을 감행하면 효율적인 작전이 될 것이라 생각됩니다. 어떻게 생각합니까?"한다.

　김녕 지서장은 현재 선흘곶에 숨어있는 입산 공비에 대한 선제공격 준비를 다 해놓고 있었기 때문에 지체할 필요가 없다고 생각하고 있었다. 결행일 하루 앞서 결정하기만 하면 되는 것이었다. 하지만 서청특별대로부터 병력지원을 받아야 하는 상황이기 때문에 김녕 지서장이 서청특별대에게도 정보를 주기로 결정했다.

"우리 쪽은 모래 오전에 선흘곶 입산 공비 은신처 공격을 감행하겠습니다. 왜냐하면 입산 폭도들이 주로 밤에 활동하니까 그놈들이 잠자는 시간이 습격하기 좋은 시간이 됩니다."하였다. "서청에서는 그 시간에 동복 굴왓(동복 마을 동쪽 입구 1,000여 평 정도의 넓은 밭에 지어진 이름) 근처에 잠복해 있다가 동복 마을로 접근해 오는 공비들을 공격하는 것이 좋겠습니다."고 의견을 제시하였다. 그 시간은 김녕 지서 경찰의 습격을 피하여 도망칠 공비들이 마을 근처에 나타날 시간을 예측해서 하는 말이었다. 서청대장도 동복 굴왓이 공비들이 마을을 습격하러 오는 길목이라고 미리 알고 있었다. "좋습니다."하고 쾌히 승낙한다. "서청도 그날 동복 굴왓 인근에 잠복해 있다가 공격하기로 하겠습니다."하였다. 이는 선흘곶 입산 공비 은신처에 대한 선제공격에서 혹시 못 잡고 입산 공비들이 인근 동복 마을로 피신하여 숨어버릴 것을 대비한 작전 계획이었다.

드디어 선흘곶 입산 공비 은신처에 대한 선제 습격을 결행할 날이 되었다. 오랜만에 맑게 개인 쌀쌀한 새벽이었다 (1949.1.17.). 김녕 지서에서는 지서장이 전투 지휘에 나섰다. 차석과 수색에 참가했던 전원하고 무장한 지원대 앞에서 지프차로 인솔하였다. 차석이 수색대와 함께 선흘곶 입산 공비들의 은신처를 찾아냈을 때처럼 선흘곶에서 좀 떨어진 장소에서 전원 하차하였다. 지서장은 조용히 접근해 들어가서 은신처를 기습 공격할 것을 사전에 지시해 놓았다. 선제 공격대를 두 줄로 편성하고 지서장과 전원이 조용히 공비들의 은신처로 접근해 갔다. 선두는 차석이 맡았다.

선흘곶은 이미 알려진 곶자왈이어서 바닥이 울퉁불퉁하여 걷기에 매우 신경을 써야한다. 김녕 지서 공격대는 10여 분 이상을 조심조심 발을 옮겼다. 차석이 "조용히"하고 손짓을 한다. 100m쯤 전방에 찾고자 했던 풀로 위장한 움막집이 시야에 들어왔다. 일제히 엎드려 공격 지시를 기다린다. 두 줄로 된 공격 대원들은 양편으로 기러기 편대처럼 퍼져 있었다. "공격"하는 신호에 동시 다발적으로 사격하기로 하였다.

공격대 전원이 살금살금 포복하듯이 큰 돌들을 피해서 입산 공비들의 은신처 약10m 앞까지 접근하였다. 지서장이 "공격 시작!"하고 외쳤다. 일제히 "탕, 탕, 탕, 탕"하고 소총을 쏘았다. 곧바로 움막을 덮고 있는 풀잎에서 불이 붙어 움막집을 태우기 시작하였다. 그런데 가만히 보니 서쪽 편에 움막집 한 채가 더 있었다. 그곳 움막에서 공비들이 도망치기 시작하였다. 일부 대원들이 공비들이 도망치는 곳을 향하여 사격을 했으나 그곳은 사정거리 밖이어서 사격 효과가 없었다. 김녕 지서 공격대에서는 체포조도 편성해 두었지만 발 빠른 공비들을 놓치고 말았다. 한 대원이 그놈들이 동복리 쪽으로 도망쳤다고 지서장에 보고하자 즉시 서청대장에게 연락을 취했다. "일부 공비들이 그쪽으로 도망쳤습니다. 성공을 빕니다."하고 무전기로 외쳤다.

동복 마을 입산 주동자 사살

김녕 지소 병력의 습격을 정통으로 받은 움막집은 의외로 조용했다. 이상하다 싶어 일부 대원이 접근해 보니 전원이 사살된 것으로 파악되었는데, 움막집 위장을 걷어내었더니 공비들이 살해되어 쓰러져 있었다. 움막집 한쪽은 전원이 사살되었고, 다른 쪽 움막에 숨어 지내던 공비들은 모두 도망친 상황이었다.

불에 탄 움막집을 포위하고 위장 천과 풀들을 걷어보니 공비 7명이 죽어 있었고 주변에는 총과 실탄들이 있었다. 김녕 지서장은 동복리 출신 김 군을 불러 이 중에 '양화연(동복리 입산 주동자)'이 있는지 찾아보라고 지시하였다.

동북리 출신 김 군이 죽어있는 공비들을 살펴보니, 대부분이 익히 알고 있는 얼굴들이었다. 이쪽저쪽 얼굴을 돌려가며 살펴보니 자기하고 같이 끌려갔던 친구들도 보였다. "친구야

너는 살아 있구나?"하고 인사하는 것 같아 "편히 잠들거라. 저 세상에서는 편히 지내거라!"하고 가슴속으로 인사말을 하였다. 그런데 끝에 죽어있는 시체의 머리를 돌려보니 이게 누구냐 '양화연'이 죽어있는 것이 아닌가? "지서장님 이 사람이 '양화연'입니다."하고 보고하였다. "이렇게 죽었구나! 고향 마을 사람들에게 그렇게 못살게 굴더니 이처럼 처참하게 죽을 바에야 좋은 일을 많이 하다가 떠났으며 좋았을 것을 애처롭다."하였다. "저기 옷가지들로 몸을 덮어주라"하고 사자에 대한 마지막 예우를 표했다.

한 대원이 실탄을 수거하였고, 일부 대원들은 공비들이 도망친 딴 움막을 조사하였다. 살펴보니 여기저기 온갖 것이 흩어져있었고 취사도구와 식량도 좀 남겨져 있었다. 김녕 지서장이 "이제는 다 끝났으니 철수하자"하고는 다들 수고했다고 격려하였다.

서청특별대 전투대들이 동복 굴왓 주위를 둘러싸고 잠복하였으나 쥐새끼 하나도 나타나지 않았다. 석양은 이미 서해 바다로 내려앉고 평화로운 동복 마을은 조용하기만 하였다. 서청대장은 공비들이 나타나지 않고 조용하기만 하자 딴 곳으로 도망쳤다고 생각하고는 헛고생만 하였다고 투덜대면서 철수하라고 하였다. 소득 없이 철거하게 된 서청대장은 혹시 딴 곳에 숨어 있다가 밤이 되면 동복 마을을 습격해 올 것이 아닌가 하고 마음 한구석이 편치 않았다. 그러나 폭풍전야처럼 조용하기만 하자 어쩔 수 없다고 생각하고 일단 철수명령을 내렸다. 서청특별대 전투원들이 일제히 잠복을 풀고 철수했다.

그런데 어찌된 일일까? 평화로움이 감싸고 있던 동복 마을이 새벽이 되자 소란스러워졌다. 입산 공비들이 숨어 있다가 조용해진 틈을 타서 마을로 내려온 것이었다. 한 곳에서는 "도망가서 숨어라"하고 또 한 곳에서는 "어서 떠나라, 이 애비는 너 같은 자식을 이미 버린 지 오래다."하는 소리가 고요한 밤의 평화를 깨뜨리기 시작하였다.이처럼 자진 입산자들의 집과 끌려간 입산자들의 집은 서로 자식들에 대한 다른 생각을 가지고 있었다. 새벽의 소란스러움을 뚫고 아침 해가 떴다.

동복리 김 이장은 '큰일 났다.'하여 남몰래 김녕 지서로 달음박질 쳤다. 어찌나 죽을힘을 다해 숨차게 달렸던지 평상시보다 길이 멀게 느껴졌다. 헐레벌떡하여 김녕 지서에 들어서자마자 숨이 멈춰버린 것처럼 말이 안 나온다.

당번 경찰관이 "동복 김 이장님이 아니십니까?"한다. 김 이장은 고개만 끄덕여 '그렇다.'하고 물 한 모금 달라고 손짓만 한다. 얼른 물 한 컵을 마신 후에야 한숨을 돌리고 "지금 동복에 입산 폭도들이 습격해 왔다."고 하였다. 당번 경찰관은 '큰

일 났다.'하며 급히 지서장에게 전화 보고를 하였고, 지서장이 전화를 받자마자 달려왔다.

김녕 지서장이 동복리 김 이장을 보자 "어찌된 일입니까?" 하고 급히 말하였다. "새벽에 또다시 공비가 습격해 왔습니다."고 김 이장이 답하자 "예 알았습니다."하고 "곧바로 서청 특별대에 연락하고, 출동 하겠습니다."한다. 지서장이 서청대장에게 전화로 보고하였다.

동복 마을 집단 사살

한편 동복리에 대한 공비들의 새벽 침공에 대한 소식을 들은 서청특별대 대장은 뿔이 났다. 부리나케 2개 소대 병력을 대동하고 동복 마을에 도착하였다. 공회당에서 김 이장을 만나 "어떻게 하면 속히 공비들을 진압할 수 있겠나?"하고 김 이장에게 말을 던졌다. 하지만 동복리 김 이장은 아무 생각 없이 김녕 지서에 급히 달려온 후라 정신이 얼떨떨하여 얼른 생각이 나지 않았다.

김녕 지서장과 동복리 김 이장 등과 함께 작전 협의한 결과 동복 마을 인근 굴왓(천여 평이 되는 움푹한 밭)으로 마을 사람들을 끌어내기로 작정하고 작전을 시작하였다. 누가 양민이고 누가 입산 공비인지를 구분하기 어렵게 되자 내린 결론이었다. 1소대는 마을 안에서 젊은 사람들을 끌어내고, 2소대는 굴왓에 집결시켜 공비들을 추려 내자는 소탕 계획이었다. 부대원들에 대한 현장 지휘는 서청대장이 맡았고, 김녕 지서장과 동복리 김 이장은 공회당(마을회관)에서 연락과 진압 작전의 진행 상황을 살피기로 하였다. 다들 동복리로 출동하였다.

서청대장이 소대장 2명을 불렀다. "1소대는 마을에 들어가 집집마다 수색하여 숨어있는 젊은이들을 모조리 끌어내고, 2소대는 그들을 인계받아 굴왓으로 끌고 가서 세워라!"하고는 "행동 개시"하고 서청대장이 지시하였다. 이에 1소대가 동복리 마을 안으로 출동하였다. 1소대장은 밑으로는 국민학생(초등학생. 12세 미만), 위로는 회갑(61세)까지를 제외한 사람들을 추려내도록 지시하였다. 혹시 덩치 큰 국민학생이나 회갑이 넘었다고 하여 줄에 안 서면 옆 사람에게 확인하면서 즉시 굴왓으로 끌고 가는 줄에 합류시켰다. 소대장은 집집마다 다니면서 부대원들의 주민 색출 활동을 감시하였다.

1소대는 이렇게 도살장에 소 끌고 가듯 동복리 주민들은 줄을 세워 굴왓으로 몰고 와서는 2소대에 인계하였다. 2소대는 굴왓에 동복리 주민들을 10명이 한 줄씩 열을 세워 놓고 한사람씩 공비 여부를 조사하기 시작했다. 그런데 공포에 젖은 주민들이 서로가 막무가내로 부정하는 상황이 되자 도저히 누가 입산 공비인지 시간이 흘러도 찾아 낼 방법이 없었다. 주민들은 서로가 얼굴을 쳐다보며 "나는 아니다. 너희가 간첩이다.”하면서 모두가 자기는 공비와 관련이 없다고 부정으로 일관하는 것이 저승사자 앞에서 심사받는 공포심에 따른 행동들이었다. 이렇게 되자 2소대장이 '무조건 처단하는 방법밖에 없다.'고 보고하였고, 서청특별대 대장이 처형을 승낙하였다.

서청대장의 명령에 따라 2소대장이 부대원들에게 지시를 내렸다. “첫줄 5보 앞으로”, “뒤돌아 서”하고 구령하였다. 그리고는 앞으로 나간 부대원들 10명의 눈을 수건으로 가렸다. “소총 들어”, “사격”하고 소대장이 구령을 내렸다. “탕, 탕, 탕, 탕, 탕, 탕”하고 소총에서 일제히 내뿜는 불에 의해 동복리 굴왓에 세워진 첫 번째 줄 사람들이 쓰러졌다. “다음 조 5보 앞으로”하는 명령에 2소대원 두 번째 열이 앞으로 나섰다. 즉시 수건으로 눈이 가려지고 “사격 개시”하자 총구에서 다시 불이 뿜어졌다. 또다시 열 사람 정도가 쓰러졌다. 쓰러진 사람 중에서 꿈틀거리는 사람을 본 소대장은 다가가서 재차 권총으로 확인 사살을 한다. 다시 “5보 앞으로”하자 셋째 줄이 5보를 걸어갔다.

이승과 저승이 5보 거리에 있었다. 이번 사격 대상에는 부자(父子)가 같이 서 있는 사람도 있었다. 아들이 재빨리 아버지 곁에 가서 손을 잡고 같이 섰다. 부자(父子)가 같이 세상을 떠날 팔자였는지 “탕, 탕, 탕, 탕”하는 총소리가 무정하게 울렸고,

굴왓으로 끌려온 동복리 주민들 중 세 번째 줄에 서있던 사람들이 쓰러졌다. 다시 소대장이 '5보 앞으로'하자 네 번째 부대원들이 앞으로 나갔다. 이때 갑자기 주민들 열에서 한 사람이 소대장 앞으로 재빨리 다가가서 "소대장님 저는 절대 아닙니다. 한 번만 살려주십시오."하고 바지를 잡고 애원했다. 소대장은 순간 멈칫했으나 잘못하면 문제가 커질 것으로 판단하고는 군화발로 차고는 넘어진 주민을 권총으로 쏘아 숨을 끊어버렸다. 그리고 나서 다시 "사격"하고 명령을 내렸다.

굴왓 공터에 끌려온 동복리 주민의 줄이 여섯 줄 정도 남았을 시점에 김녕 지서장에게 급보가 전달되었다. 현재 동복리에서 벌어지고 있는 무조건 집단 사살 감행을 중지하라는 것이었다. 지서장은 급히 직원 한 사람을 대동하고 동복리 굴왓 주민 사살 현장으로 달려가 보니 사실이었다. 서청대장에게 즉각 살상을 중단하라고 요청하였다. '살상하려면 입산 공비를 색출하고 감행해야지 이렇게 무차별적으로 사살을 해서는 절대 안 된다.'는 급보가 왔다는 내용을 설명했다. 서청대장이 잠시 멈칫하더니 "알았다."하고 2소대장에게 총살 중단을 지시하였다.

동복리 주민에 대한 집단 사살은 이미 여덟 줄 집행이 끝난 상황이었고, 아홉 줄에서 사형 집행이 중지되었다. 전부 86명이 사살되었고^(생존자 김용택 증언) 집행이 중단되었으며, 나머지 사람들은 저승 문 앞에서 살아 돌아오는 행운을 맞이했다. 서청대장이 "오늘은 이것으로 끝내자"하고 부대원들에게 시체 수습을 지시하였다. "내일 대책에 대해 김녕 지서장하고 상의하겠다."하고 자리를 뜬다.

서청대장은 김녕 지서장과 대면하고 대책에 들어갔다. 말하는 도중에 김녕 지서장이 '할 말이 있다.'하고 말을 꺼냈다. "어제 선흘곶 습격에서 동복리 입산 공비 주동자 '양화연'이를 사살했습니다."하고는 "앞으로 동복리는 입산 폭도로부터 습격이 없을 것입니다."고 하였다. 그러자 서청대장이 김녕 지서장이 큰 성과를 올렸다고 추켜세운다. 그러나 내심 라이벌 의식은 있었다. 사촌이 밭 사면 배 아픈 것처럼 서청대장은 큰 성과를 못 올리고 있는 처지였다. 이에 내일 대책을 내놓는다. 이왕 이렇게 되었으니 "동복리를 소개하여 나머지 마을 주민들을 김녕리로 이주시켜야 되겠습니다. 폭도 마을을 남겨둘 수는 없다."고 하였다.

김녕 지서장이 잠깐 생각해보고는 "이미 많은 젊은 사람들이 살상되었는데, 마을을 소개하는 것이 너무 가혹한 형벌이 아닙니까?" "소개령도 중산간 마을에만 해당 되는 조치인데 좀 고려해보는 것이 어떠십니까?"하였다. 이에 서청대장은 이미 마음을 굳힌 듯 절대 포기 않을 복심을 갖고 말했다. "앞으로 이렇게 놓아두면 폭도 주동자가 사살되었다 하더라도 동복리는 폭도 마을이라는 악명을 벗어나기가 어려울 것입니다." 하고 강력하게 주장한다. 이에 서청대장이 결심을 포기 않을 생각인 것을 감지한 김녕 지서장은 동복리 김 이장을 불렀다. 일이 이렇게 되었으니 김 이장과 소개(疏開)될 이주민에 대한 대책을 의논해야겠다는 것이었다.

김 이장이 도착하자 서청대장이 마을 소개 계획을 이야기하였고, 김녕 지서장은 소개 이주민 수용 대책에 대하여 어떻게 했으면 좋을지에 대해 의논에 들어갔다. 서청대장은 "이번 사건으로 동복리가 폭도 마을이라는 악명을 벗기가 힘들 것이니 그 일을 누가 책임지겠냐?"하고 의지를 굽히지 않았다. 김녕 지서장은 잠시 말을 돌렸다. 김 이장에게 "어제 선흘곶을 습격하여 '양화연'이를 사살하였다."하고는 "습격 주동자를 없앴으니 이제는 습격이 끊길 겁니다."하였다. 이에 동복리 김 이장이 "큰일을 하셨습니다."하였고, "마을 주민들이 이 일을 알게 되면 크게 안도할 것입니다."하였다. 김녕 지서장이 "어제 사살된 사람들이 여럿이 되니까 연고자에게 시체를 수습하라고 하십시오."한다. "네, 그렇게 하겠습니다."하고 동복리 김 이장이 답한다.

다시 동복리 소개 대책에 대한 본론으로 돌아갔다. 서청대장은 힘들지만 이주민들을 수용할 계획을 세우는 데 협조를 당부하고 나섰다. "김 이장님이 괴롭지만 주민들 이주에 수고해 주어야 하겠다."고 소개를 기정사실화 시킨다. 이처럼 서청대장은 동복리가 폭도 소굴이라고 단정하고 마을 전부를 소개시키고 집을 태워야 폭도들을 전부 소탕하는 것이라는 생각을 굽히지 않았다. 결국 돌이킬 수 없는 상황에 들어섰고 서청대장은 "마을 주민들의 이주가 끝나는 대로 빈집을 전부 불태우는 일은 서청에서 책임지고 끝내겠다."고 하였다. "그러면 내일 아침부터 차례로 소개 될 터이니 두 분이 많이 협력해주기 바란다."하고 자리를 서둘러 끝낸다.

동복 마을 소개^(疏開)

　서청특별대 대장은 동복리에 숨어있는 입산공비를 색출하지 못하자 온 마을이 입산 공비 소굴이고 많은 주민들이 내통자들이라고 단정하였고, 마을을 소개시키고 이주^(移住)된 후에도 계속 내통자를 색출하여 처단할 계획을 세웠다. 마을 소개^(疏開)를 단행키 위해 어제 동원되었던 2개 소대를 이끌고 동복리에 도착했다.

　서청대장은 공회당에 대기하고 있는 김 이장을 맞이하여 동복리 마을 소개 전략을 이야기하였다. 1소대는 마을 소개에 투입하고, 2소대는 소개 주민을 김녕으로 이송하는 데 투입될 것이라 하였다. "김 이장은 마을 주민들에게 이주^(移住)하는 데 간소한 생활필수품만 소지하도록 주입시켜 주시기 바란다."고 한다. "지금 김녕 지서장에게 연락하여 이주민이 기거할 곳을 미리 마련해 달라고 하겠다."고 하였다.

즉석에서 서청대장은 김녕 한 지서장에게 전화를 한다. "서청대장입니다. 안녕하십니까?" 간편한 통화 인사를 한 뒤 "여기는 소개 작전 준비가 다 되어 곧 행동에 들어가겠습니다."하고는 "이주민들을 수용할 장소를 미리 마련해 두시기 바랍니다."고 말하였다. 김녕 지서장이 "네, 임시로 마을 공회당에 집단 수용할 수밖에 없고, 친인척 집을 찾아 상주할 수 있는지 대책을 세워나가도록 할 것입니다."고 답한다. "그러면 잘 부탁드립니다. 수송은 서청 측에서 담당하겠습니다."하고 서청대장이 답한다.

김녕 지서장과의 협의가 끝나자 서청대장은 소대장들을 집합시켜 놓고 김 이장을 입석시켰다. "1소대는 마을 안에 들어가 소개 이주민들을 챙기고, 2소대는 김녕으로의 이주민 수송을 맡아 차질 없도록 하라"고 하고는 "이주 장소는 김녕 지서에 가면 안내될 것이다."고 지시하였다. 그러면 준비되는 데로 지시 사항을 시행하라고 한다. 1소대장은 "소개 시작은 편리하게 동동으로부터 시작하겠습니다."하고 서청대장에 보고하고는 김 이장과 같이 마을로 내려가 동동으로부터 주민 소개를 시작했다.

첫 집에 들어섰다. "임시 지낼 소지품들만 가지고 대문밖에 나오면 여러분들을 실어 갈 차가 대기하고 있으니 올라타면 됩니다."하고 "한 차에 다섯 집씩 타면 된다."고 지시하였다.

> 주민들은 밤에는 입산 폭도가 습격해와 시달리고, 낮에는 서청토벌
> 대에 시달려 왔기 때문에 무장한 사람들만 보면 공포에 떨어 저항할
> 기력은 없고, 말을 잘 안 들으면 목숨이 위태롭겠다는 것밖에 다른
> 생각을 할 여유가 없었다.

마을주민들은 서청대원들을 보기만 하여도 저승사자가 온 것처럼 행동하였다. 1소대장이 호루라기를 "삑, 삑" 불어댔다. 소대원들은 집을 돌면서 서둘러서 짐을 챙기게 하였고, 집마다 10분 이상 지체하지 말고 주민들이 대문 앞에서 대기하도록 하라고 지시하였다. 주민들을 운반할 차는 1, 2소대의 트럭 두 대로 하루 종일 운반할 계획이었다. 집집마다 대문 앞에는 소개될 사람들이 줄 서 있었다.

짧은 겨울 해이기 때문에 부지런히 움직여야 하루에 끝낼 수 있을 것 같아 쉴 새 없이 움직였다. 철거된 빈집에는 강아지, 닭, 돼지, 소만 남게 되었다. 비워진 집에는 소대원들이 들어가 총으로 "탕, 탕, 탕, 탕"하고 쏘았다. 총을 맞은 소는 쇠막(소를 기르는 집안 우리) 안에서 숨을 거두었고, 돼지는 돼지우리에 쓰러졌다. 강아지는 일찍 도망쳤고, 닭은 지붕 위로 날아

가 버렸다. 이렇게 집집마다 소개 활동이 진행되어 가는데 부대원들이 횃불을 들고 지붕에 불을 지르기 시작했다. 불은 북서풍 하늬바람을 타고 집들을 활활 태우기 시작했고, 곧 온 마을이 화염으로 가득 찼다. 이렇게 되자 평화로웠던 동복마을은 복 받는 동쪽 마을이라는 마을 명과 달리 하늘을 원망해야 할 처지에 놓였다. 주민들은 순식간에 자기 집이 화염에 삼켜지고 검게 탄 집터만이 앙상한 꼴을 차마 눈뜨고 쳐다보지 못하고는 눈을 감고 눈물을 훔쳤다.

> 오! 맙소사 하느님! 무정하기도 합니다. 평화로운 우리 마을이 무슨
> 잘못이 있기에 이렇게 무섭고 엄청난 재앙을 내리십니까? 하는 허
> 탈하고 멍한 표정이 마을 사람들 얼굴에 가득하였다

겨울해가 점점 서해로 내려가고 있어서 어둑어둑한 기운이 동복리를 감싸기 시작했다. 검게 불타버린 뼈대만 왕성한 집의 골조들이 버려진 마을처럼 금시라도 귀신이 나올 것만 같았다. 지붕으로 날아 간 닭 한 마리가 날개에 불을 달고 날아가다가 길가에 떨어진다. 저녁이 되자 온 마을은 검게 탄 앙상한 집 골조들로 이루어진 공포의 천지(天地)로 변해 버렸다. 내일 새벽부터는 울어 줄 닭도 없는 유령 마을이 되고 말 것

을 생각하니 마을 사람들은 땅을 치며 통곡할 기력조차 없었고, 오직 앞으로 다가올 고난과 공포에 떨고 있을 뿐이었다. 소개(疏開), 이주(移住) 작전을 끝낸 서청대는 평화의 마을 동복리를 두고 떠났다.

별빛도 겨울 하늘이 삼켜버린 캄캄한 밤, 그렇게 훤히 밝혔던 집마다 등불은 온대간대 없고 불타버린 기둥 끝에서 타다 남은 불티가 하나둘씩 애처롭게 바람에 도깨비불이 되어 피식피식 잔 불씨만을 피워 올렸다.

동복 김 이장의 대성통곡^(大聲痛哭)

김 이장은 서청 1소대장하고 같이 주민 소개 현장으로 달려갔다. 혹시 소개되는 마을 사람들하고 불편한 일이 생길까 봐 빠진 곳 없이 쫓아 다녔다. 김 이장네 집에서 장남은 천주교 신자가 되어 몇 년 전에 제주시 서쪽 마을 한림으로 떠나 살고 있었고, 어린 막내하고 부인은 아침 일찍 김녕으로 이주한 상태였다. 김 이장은 소개되고 있는 주민들을 적극적으로 도와주었다.

서청대원들이 과격한 언동이나 불편한 주민들에게 행하는 과격한 행동거지에 신경이 많이 쓰였다. 걸음이 불편한 노인에게 '속히 이동하라!'는 고성이 나오고, 어린아이에게는 '속히 움직여라!'하고 야단친다. 임시 지낼 생활필수품만 챙기라고 했지만 오래 버티기 위해서는 어떻게 할 것인가 하고 주섬주섬 챙겨 나오는 사람도 있었는데, 남이 챙겨 나오는 것을 보고 조금이라도 많이 챙기고자 하였다. 진행은 순조롭게 진행되는 듯 했더니 노인들만 있는 집에서 속히 챙기지 못하자 심상치 않게 고성이 발생하였다.

김 이장이 얼른 집에 들어가 주섬주섬 챙겨 드리기도 하였고, 여유 있게 챙긴 집사람들에게 "도와 드리라"하고 권하기도 하였다. 진행 속도가 지체되자 1소대장이 호루라기를 "삑, 삑"불어대고, 먼저 소개된 집에서는 닭, 강아지, 돼지, 소 등을 쏘아대기 시작하였다. 총소리에 겁을 먹은 집주인들은 자기들에게서 이미 떠난 소관이라 생각하여 가축 등은 포기하였다. 오후로 넘어가니까 서청대장이 집에 불을 넣을 것을 지시하였다. 집을 태우기 위해 볏짚 횃불들이 몇 집에 놓여졌다. 불은 거센 북서풍을 고려하여 서동에서부터 먼저 넣으라고 하였고, 뒤에서 살펴보다가 불이 제대로 붙지 않는 곳이 있으면 재차 불을 넣으라고 지시하였다. 불 붙이기 명령이 떨어지자 부대원들이 일제히 불을 놓기 시작하였고, 불은 거센 북서풍하늬바람을 타고 마을을 뒤덮기 시작했다.

동복리 소개(疏開) 순서는 먼저 사람들을 소개하고 나면 닭, 돼지, 소를 처치하고 나서 집에 불을 붙이는 방식이었다. 그런데 겨울바람이 불티를 사방으로 날려 태우는 집 순서를 지켜주지 않는다. 불이 붙는 속력이 점차 빨라졌다. 혹시 소개가 늦은 집에 불이 덮칠 우려가 생기면 대기해 있는 철거 담당원들이 신속히 움직여야 했다. 김 이장은 정신없이 이집 저집 돌아다녔다. 혹시나 미처 소개 못 한 노인이 있지 않을까 해서였다. 그런데 내뿜는 연기로 정신을 차릴 수 없었다. 어떤 곳에서는 시야를 막아버리기도 하였다. 불은 사정없었다. 바람을 탔다 하면 사방으로 번지기 일쑤였다. 애간장을 태웠다.

그렇게 일생을 애정을 담고 살았던 집이 한순간에 잿더미로 변하였고 앙상한 뼈대만이 남았다. 시간이 지나가자 소개 진행도 마무리되고 이주 작전도 끝나가고 있었다. 석양이 서해를 붉게 물들이고 있었다. 이렇게 동복리의 끝남을 마주하게 된 김 이장은 500년 된 마을지킴이 팽나무를 찾아 나섰고, 나무 둥치에 앉자 한숨을 쉬었다. 아래로 펼쳐진 마을을 쳐다보니 이것은 마을이 아니고 지옥의 한 장소처럼 살기(殺氣)가 가득한 험상궂은 꼴이었다. 곁에 상점을 하던 집에서 인심 쓴다 하여 밖에 내놓은 소주병이 보였다. 얼른 가서 소주 서너 병과 사과 몇 개, 빈 대접을 갖고 팽나무 쉼터로 돌아와서 빈 대접에 술을 가득 채웠다. 마을신님(里神), 지신님(地神)하고 큰절을 한 다음 "오늘 이렇게 떠나게 됩니다."하고는 통곡하기 시작했다. 지금까지 참았던 설움이 복받쳐 올라온 것이었다.

대접에 술을 담아 마을 동, 중, 서동을 향하여 흩뿌리고 나서 남은 술을 대접에 부어 단숨에 들이마셨다. 다시 설음이 북받쳐온다. 생전 처음 울어보는 통곡이 나오기 시작했고, 대성통곡으로 변했다. "마을신님, 지신님, 저 김 이장이 괴롭습니다." "엉, 엉, 엉"하고 소리 내어 운다. "어찌하여 복 받은 우리 마을 동복리가 이렇게 되었습니까? 너무도 무정하십니다."하고 대성통곡이 끝날 줄 모른다. 취기가 가라앉지 않는다. 눈물은 다 말라 버리고 콧물이 대신한다. "마을신님, 지신님 이런 어지러운 세상이 속히 끝나면 평화를 짊어지고 다시 꼭 찾아오겠으니, 그동안 우리가 없어 외롭지만 기다려 주십시오."하고 다시 "엉엉"술 기운에 울음소리를 높였다.

마지막 이주민을 태운 차에서 "김 이장님"하고 찾는 소리가 취기를 뚫고 귓가에 와 닿는다. 김 이장은 그제서야 자리를 털고 일어나 동복 마을을 향하여 큰 목청으로 "안녕히 계십시오."하고는 떠났다.

이주민 수용소

　김녕 지서에서는 동복리 소개 이주민을 수용할 마땅한 곳이 없었다. 이에 서김녕리 이장에게 마을 공회당에 임시 이주민들을 수용하겠다고 허락받고 말끔히 청소를 해 두었다. 동복리에서 수송되어 오는 대로 한쪽으로부터 순서대로 입주시켰다. 위치는 김녕 지서 앞이고 지서에서 관리하기는 편리한 곳이었다. 건물내부 면적은 50여 평이어서 수용에 충분치 않은 면적이지만 300명 정도는 겨우 몸을 기댈만한 면적이었다.

　한겨울 추운 날씨이지만 사람들 온기로 겨우 이겨낼 만하지만 지옥살이다. 동, 서 김녕 마을에서는 이웃 마을이 곤경에 빠져있는 처지를 걱정하여 밤에 덮고 잘 이불과 바닥에 깔 담요, 식량과 저녁부터 당장 먹을 음식 마련에 마을 부인 회원들이 동원되어 도움에 나섰다. 이주민은 노약자와 부녀자, 아이들로 채워져 있었고, 몸이 불편한 사람들도 끼어 있었다. 소개에 열을 올린 서청대장은 한 지서장을 찾았고 "이렇게 수고해주어 고맙습니다. 이주민들이 친인척들을 찾아가기 전까지는 당분간 지원해 줘야 되겠다."고 고마워한다.

그러나 그렇게 많은 무고한 사람들을 살상하였고, 평화로운 마을 주민들을 소개시키며 애정을 갖고 살던 집을 불태워 버리고, 길가에 내쫓아 버리는 엄청난 악행을 하고서도 눈 하나 깜작하지 않고 당당하게 나오는 서청대장의 표정을 보고 한 지서장이 멈칫하였다. 어제까지 보던 사람이 아니고. 오늘 보는 사람은 완연히 다른 사람으로 악의 탈을 쓴 사람으로 보였다. 그리고 앞으로 더 많은 사람을 희생시킬 사람으로 보였다.

한 지서장은 "알았다."하고는 마침 김녕리 부인회에서 돌보아주고 있어서 다행이고, 속히 친인척을 찾아주어 이주민들이 고생을 덜했으면 좋겠다고 하자 서청대장은 딴소리를 한다. "며칠 후부터는 이주민들에 대한 내통자 내사에 들어가겠다."하고 몇 마디 말을 던지며 떠났다.

다음날 동, 서 김녕 이장과 민보단장이 이주민 수용소를 찾아와 동복리 김 이장을 위로했다. 많은 주민들이 총살당해 마음 아픈데다가 마을까지 불태워지고, 추운 겨울철에 이렇게 소개되어 이주민들이 고생케 되었으니 안타깝다고 위로를 아끼지 않는다. 동복 김 이장은 눈이 퉁퉁 부어 있었다. 어제 마지막까지 남아서 불태워지는 마을을 보고 대성통곡을 해서인지 얼굴도 많이 상해 보였다. 이 많은 주민들을 오래 수용할 수도 없는 일이라 속히 친인척을 찾아주고, 연고가 없는 남은 이주민들은 딴 방법을 강구해야 할 처지였다.

김녕리의 이장들은 우리들도 방법을 찾는 데 노력하겠으며 구호품을 모으는 데도 협력하겠다고 위로하였다. 동복리 김 이장이 "고맙습니다. 이렇게 찾아주신 것만도 고마운데"하고는 김녕리 이장들을 주민들이 수용된 방으로 데리고 들어갔다. 동복리 김 이장이 찾아온 김녕리 이장들과 민보단장을 소개한다. "김녕리에서 침구와 식량이랑 많이 지원해 주었습니다."고 하자 "감사합니다, 감사합니다."하는 주민들이 고마워하는 말이 방을 가득 채웠다. 마침 김녕리 부인회에서 아침식사를 들이려고 여럿이 찾아왔다. 수용된 대부분의 주민들이 노약자와 어린 아이들이라 할 일이 이만저만이 아니었다. 그리고 좁은 공간에 많은 사람이 수용되었기 때문에 공기도 탁했다. 앞으로 건강 문제도 있을 것으로 보였다.

잠시 후 김녕리 한 지서장도 찾아왔다. "이렇게 방문해 주어서 감사합니다. 이래서 이웃 마을 간에 정이 있어 보입니다.

앞으로도 많이 도와주셔야 하겠습니다.”고 동복리 김 이장이
고마움을 표했다. “이웃마을에서도 힘닿는 한 도와드리게 될
것입니다.”하고 김녕 지서장이 답하자 “고마운 말씀입니다.”
하고 화답한다.

동복 마을 살생부 확정과 처단

동복리 주민들에 대한 소개 이주가 끝난 며칠 후 서청특별대 대장이 다섯 명의 수사 대원을 대리고 김녕 지서를 찾아왔다. 소개된 이주민들이 친인척 집에 가기 전에 한번 내사를 하려고 온 것이었다.

서청대장은 김녕 지서장에게 "속히 매듭을 짓겠다."하고는 "오늘부터 공비에 대한 내통자 수사에 착수하겠으니 사무실 한 쪽방을 빌려 씁시다."고 한다. 김녕 지서장은 거역할 수도 없고 사용을 허락해 주었다.

이렇게 되자 수사 대원 5명이 한 쪽방에 자리를 차리고 이주민들을 불러내어 수사에 착수하였다. 미리 확보되어 있는 살생부를 꺼내어 치밀한 내사에 들어갔으며 일본 조련계까지 수사 범위를 확대해 나갔다. 동복리에는 친인척 중 일본 거주민이 많았다. 그래서 입산 공비와 연관된 내통자 친인척들에 대한 조사도 있지만 조련계까지 확대해서 수사를 진행한 것이었다.

김녕리에 소개된 동복리 주민들에 대한 수사가 진행되자 살생부가 어떻게 나타날지에 관심이 집중되었다. 서청대장은 그 많은 젊은이가 무차별 사실된데 대하여 정당성을 합리화시킬 요량으로 많은 사람을 살생부에 올려야겠다고 작정하고 수사를 확대하도록 주문했다. 그러나 남의 사무실에서 수사를 하고 있는 형편이었기 때문에 과격한 고문은 삼가야 했다.

내사 수사는 1주일을 넘기고 있었고, 이주민들은 친인척을 찾아 나서게 되었는데, 이미 몇 사람들은 친척을 찾아 나가기도 하였다. 이렇게 되자 서청대 수사는 속도를 내게 되었고 수일 내 끝낼 수 있도록 신경을 썼다. 서청대장은 너무 오래 수사를 진행할 수 없는 처지가 되자 살생부를 속히 확정지어 처단할 각오로 수사대를 독촉하였다. 그러나 수사관들은 "시간이 더 필요합니다."하고 "동복 김 이장을 불러 제일 조련계를 더 내사해 보아야 하겠습니다."하였다. "그러면 심도있게 내사를 해보라"고 서청대장이 지시하였다. 서청대장은 지금까지 벌인 일련의 대대적인 살상과 동복마을 소개를 감행한 것에 대한 정당성을 확보하기 위해서는 그에 상응할 만한 수사 결과가 있어야 되겠다는 생각을 하고 있었다.

수사관들이 그간 수사 결과에 대한 중간보고를 하였다. "현재 입산 폭도들에 대한 내통자와 친인척에 대한 수사를 종결하였으며, 다음부터는 제일 조련계 관련 수사를 심도 있게 하겠습니다."하였다. "동복리 김 이장을 불러 내사에 들어가야 할 것인데, 제일 조련계 친인척에 대한 수사는 깊이 들어가야 하는 수사이기 때문에 세밀한 조사에 들어가겠습니다." 하고 보고한다.

수사관들은 동복리 김 이장을 소환하고 참고인 수사에 들어갔다. 지금까지 확보된 살생부에 준하여 조사가 진행되었다. 김 이장은 앞에 내놓은 동복리 출신 조련계 명단을 보니 그 전부터 다 알려진 몇 사람의 이름이 보였다. 그 사람들 이름을 체크하고 "추가로 알게 되면 숨김없이 알려드리겠다."고 하였다. 그러자 수사관들은 "알겠습니다."하고 일단 김 이장을 돌려보냈다. 김 이장이 지금까지 협조를 많이 해오고 있었기 때문에 일단은 믿어보자는 것이었다. 수사관들은 현재 확보된 내용을 놓고 내사 작업을 일단 종결하고 전채적인 살생부를 확정지을 계획을 세우고 내일 중으로 서청대장에게 보고하기로 하였다.

수사관들은 보고서를 매듭짓고 서청대장에게 수사결과를 제출했다. 보고서를 받은 서청대장의 살생부에 확인된 인원은 30명이었고, 전부 조련계 관련 친인척 가족들뿐이었다. 이렇게 되자 서청대장은 내통자 처단을 집행하려고 마음먹었다. 대상은 전부 이주민이었고, 좀 억울하게 보이지만 정당성을 얻기 위한 조치였기 때문에 할 수 없는 일이라고 고심 끝에 처단하기로 확정짓고 장소와 집행 날짜 선정에 들어갔다. 처형 장소는 처형대상자를 재차 동복으로 옮기는 것이 부담이 되자 김녕에서 처형을 집행했던 장소인 김녕 경찰지서 앞밭으로 선정했으며 관활권이 있는 김녕 지서장과 의논했다.

김녕 지서장은 가만히 생각해보니 일정한 장소에서 집행하는 것이 좋을 것 같은 생각이 들었다. 그러면 그 장소로 결정하는 것도 무방하다고 동의해 주었다. 이렇게 결정되자 "오래 끌 수도 없고 하니 내일 밤에 서청대가 와서 조용한 늦은 시간에 집행하겠다."하고는 서청대장은 일단 물러갔다.

김녕 지서장은 공비 내통자 조사와 처단이 경찰이 하는 일이 아니기 때문에 간섭할 수도 없고 어쩔 수 없는 일이라고 생각했다. 그냥 관망할 수밖에 없다고 생각하고 말았다. 그러나 계속되는 많은 살상 집행이 그렇게 환영할 일이 아니라 생각하였다. '이번에도 많은 억울한 양민이 희생되게 되었다.'하는 쓰린 마음이 들었으며, '서청대장은 무서운 사람이구나.'하는 노여움이 생겼다.

이튿날 밤늦은 시간이 되자 이주민 수용소에는 불이 훤하게 커져 있고 집행담당자들이 살생부를 갖고 와서 30명 전원 한 사람 한 사람씩 밖으로 불러내고 끌고 나갔다. 잠시 후 "탕, 탕, 탕, 탕, 탕, 탕"하는 사격 소리가 수용소까지 닿았다. 수용소 방안은 불이 꺼지고 암흑의 밤이 되었다. 아침 새벽이 되자 수용소 안은 움직이기 힘든 노약자만이 자리를 지키고 눈물도 다 말라버린 애통함을 가슴에 담은 채 사형장 사체 수습에 나섰다.

이재민 수용소 망중한(忙中閑)

그렇게도 무성했던 나무가 불에 타서 애처롭게 남은 가지만 앙상하게 붙어 있는 것처럼 이재민 수용소는 그 많은 고통에 지칠 대로 지쳐버린 기력 잃은 이들만이 며칠간 조용하게 흘러가는 시간을 방치하고 있었다.

여태껏 숨 쉴 기력조차 못 챙기던 틈이 조금 생기자 동복리 김 이장은 이렇게만 수용소에서 신세를 질 수 없다고 생각하였다. 고민 끝에 남은 사람들에게 친인척을 찾아주는 일과 그리고 연고 없는 사람들에 대한 대책을 세워야 할 일, 남은 남성들 중에서 청년 활동 조직을 만들어 마을을 재건하는 데 중심 역군으로 삼겠다는 생각이 싹트기 시작했다.

이 궁리 저 궁리 하던 중에 동, 서 김녕리 이장들이 찾아왔다. 며칠 전 또 닥친 엄청난 처형 사건을 위로하러 온 것이었다. "너무나 큰 충격에 상심하고 있을 것 같습니다. 그리고 이렇게 거주 시설이 덜 갖추어진 수용소에서 오래 견딜 수는 없을 것 같은데, 우리들도 빈집을 찾아 이주하는 데 도움을 드리고자 합니다."고 말을 해주었다. 김 이장은 "지금까지도 많은 도움을 주고 있는데 너무 고맙습니다. 백골난망(白骨難忘)입니다."하였다. "그리고 마을 부인회에서도 매일 나와서 도움을 주고 있습니다."고 고마워하였다. 안부 인사들을 나눈 후 김녕리 두 이장이 각각 금일봉을 드리고 "약소하지만 필요한 곳에 써주십시오."하고 물러갔다. "감사합니다. 감사합니다."라는 말을 거듭하며 김 이장이 배웅했다.

저녁 시간이 되자 김 이장은 이재민들에게 마을에 들어가서 친인척도 차츰 만나 보기도 하고, 여기 찾아왔던 친척들에게도 인사하러 가 보시도록 권유한다. 이에 마을 사람들이 "네, 오늘부터라도 찾아보겠습니다."한다. 그렇게 조금씩 초봄에 새싹이 움트는 것 같은 기운이 돌기 시작했다.

김 이장은 청년 몇 사람을 불렀다. 그리고 자신의 생각을 말했다. "지금까지는 우리 마을 청년회가 없었지만 이제라도 늦지 않았다고 생각하네, 살아남은 자네들만이라도 단합하여 이 난국을 헤쳐나가야 하고, 불타버린 마을도 자네 젊은이들이 재건해주어야 하겠다."고 하였다. 이에 마을 젊은이들이 "깊이 받아들이겠습니다. 이제부터라도 우리 몇몇이 주체가 되어 청년 모임을 조직하고, 마을 재건에 젊은 피와 땀을 보태겠습니다."하며 굳은 각오를 표하였다.

"정말 고맙네."라고 김 이장이 말하자 젊은이들은 "이제까지 김 이장님이 혼자서 이리 뛰고 저리 뛰고 하며 고생이 많았습니다. 이제부터는 힘 닿는 한 이장님을 도와서 마을 재건에 역군이 되겠습니다."하고 재차 다짐을 하였다. 김 이장은 마을 젊은이들이 그렇게 해 준다고 하니 지금까지 겪었던 엄청난 고통이 한꺼번에 해소되는 기분이었다. "정말 기대되고, 고맙다."하였다.

저녁 어둠이 내리자 여러 이재민들도 마을로 친인척을 찾아 나섰고 젊은이들도 자기들끼리 모임을 갖는다. 젊은이들은 힘을 모으기 시작하였고, 연령은 15세 이상 55세까지 모이는 것으로 설정함으로써 많은 젊은이들을 포용할 계획을 세웠다. 이렇게 며칠이 흘렀다. 그간에 친인척 집으로 가기로 한 집이 20여 곳이 되었고, 계속 늘어날 것 같다고 하였다. 그리고 청년회 조직도 무르익어 가기 시작하여 가입자가 20명에 이르렀다. 김 이장은 내심 '잘 되어 가는구나.' 봄철 새싹처럼 마을 젊은이들이 돋아나 주었으면 하는 기대를 한다. 앞으로 시국만 평정되면 청년들이 마을을 재건할 것이고 지금까지 겪었던 고통이 사라질 것으로 생각되었다. 일이 이렇게 되어 가자 조금씩 지난 악몽이 뇌리에서 멀어져 가고 앞으로 올 일에 신경을 쓰기 시작하자 김 이장은 조금씩 기력을 찾아갔다.

새 희망을 찾아서

새 봄이 움트기 시작했다. 한라산도 오랜만에 하얀 겨울옷을 훌렁 벗어내고 구름 한 점 없는 몸체를 드러내 놓고 있었다.

수용소의 이재민들은 부지런히 친인척 집을 방문하여 이주해 갈 집을 대부분 확보해 놓고 있었다. 매일 대여섯 집씩 수용소 생활을 마감하고 새집으로 옮겨갔고 김 이장에게 "그간 고마웠습니다."하고 인사하며 떠났다.

김 이장도 친척집으로 가족을 옮길 것으로 이미 확정지어 놓았으나 마지막 이주민이 떠날 때까지 기다렸다가 이주해야 되겠다고 마음먹고 있었다. 그래서 아직 이주할 곳을 확보하지 못한 이재민을 위해 서김녕 이장을 찾아갔고 몇몇 집을 구해 달라고 부탁했다. 그러나 공비들로부터 단골로 습격 받고 있는 서김녕 남흘동은 피하고 다른 동은 좋다고 하는 말을 들었다.

서김녕리 이장은 "걱정하지 말고 있으면 수일 내 집을 확보하고 연락드리겠다."고 쾌히 수락해 주었다. 이렇게 마지막 어려운 일이 풀리게 되었고, 김 이장이 마음을 편하게 갖고 수용소에 와보니 젊은이들이 많이 모여 있었다. 김덕보^(가명) 젊은이가 말하였다. "우리들 20명이 청년회를 조직하였으며 제가 회장을 맡게 되었습니다."하고는 김 이장을 맞이했다. 김 이장은 정말 감격했다. 동복리의 참사 이후 참으로 처음 느껴보는 천군만마^(千軍萬馬)를 얻는 기분이었다. 지금까지 외롭게 많은 고통을 넘어 온 일을 생각하니 '이 젊은이들에게 마을을 맡기면 앞으로 무엇이 힘들 일이 있겠나?'싶었다. 앞으로 마을을 재건할 수 있다는 새 희망의 꿈을 꾸어 보았다.

김 이장은 앞에 모인 청년회원들을 편히 앉게 하고는 무슨 말부터 해야 할지 가슴이 부풀었다. 잠시 숨을 가다듬고는 말을 시작했다. "우리 동복리는 옛 조상들이 마을을 설촌하면서 동쪽에 있는 복 받는 마을이라고 하여 동복리^(東福里)라 하였고, 정말 평화가 가득한 살기 좋은 마을이었다. 어쩌다 이 지경에 놓이게 되었는지 지금에야 하늘을 원망해 봐야 소용없다고 생각한다. 이제 남은 것은 옛날처럼 조상들이 설촌해 놓았던 평화로운 살기 좋은 마을을 재건하는 길밖에 없으니, 오늘 여러 젊은이들이 일어나 더 살기 좋은 마을을 건설할 결심을 다짐하는 자리로 알고 크게 환영한다."고 하였다.

김 이장의 말이 끝나자 김덕보 회장이 뒤이어 말을 한다.

"이장님이 격려해 주어서 우리들도 새로운 희망을 갖고 결의를 다짐하게 되었습니다. 앞으로는 우리 젊은이 20명이 똘똘 뭉쳐 억울하게 세상을 떠난 이들의 넋을 위로하기 위해서라도 의지를 새로이 다지며 불에 타서 잿더미가 된 마을을 기필코 재건하겠다고 결의를 다짐하는 자리라 생각하겠습니다." 하였다. 그리고는 "첫 사업으로 수일 내 마을을 찾아가서 현재의 상황을 파악하고 무엇을 하면 좋을지 계획을 짜 보겠습니다."하고는 일단 자리를 해산하였다. 잠시 후 자리에 남아 있는 청년회장을 김 이장이 불러 며칠 있으면 수용소 이주민들 전원이 친인척이나 서김녕리 이장이 주선해주는 집을 찾아 이사 가게 될 것이라 하였다. 그리고 나면 연락망이 필요하니 청년회에서 연락망을 만들어 주었으면 한다고 하고 앞으로 마을 재건을 하는 데 행정 연락이 필요하다고 하였다. 청년 회장은 "그렇게 하겠습니다. 걱정하지 마십시오."하였고 "이재민들의 이사가 끝나는 날 우리 청년 회원들이 와서 청소를 하겠습니다."하였다.

폐허 된 마을 대청소

　며칠이 지나자 수용소 주민들의 이전 계획이 다 마무리 되어 친인척 집과 서김녕 이장이 마련해 준 집으로 전부 이사하였다. 수용소에서의 생활이 10일을 채운 날이었다.

　동복리 김 이장은 김녕리 한 지서장을 찾아뵙고 "그동안 염려해준 덕택에 아무 사고 없이 공회당에 머물다가 떠나게 되었다."고 인사하였다. 이에 한 지서장은 "그동안 고생이 많았습니다. 그래도 친인척을 찾아가니 다행입니다."라고 인사를 받았다.

　청년회장에게도 연락해 두었는데, 잠시 후 청년회 김 회장이 부회장하고 몇몇 간부들이 찾아왔다. "그동안 수고가 많았습니다."하고는 이 "자리를 우리 청년회에서 깨끗이 청소하겠으니 그대로 두고 가십시오."하였다. "내일 이장님을 찾아뵙고 검게 타 버린 마을을 다녀온 상황을 설명하고, 앞으로의 계획을 말해 드리겠습니다."고 보고한다.

동복리 청년회에서 회원 전원을 소집하여 공회당을 말끔히 청소하였다. 좁은 공간에서 많은 인원이 머물렀던 곳이라서 청소는 오래 걸렸다. 김 이장도 현장을 지켜보았다. 공회당 건물이 목조가 되어 화재 등을 걱정했는데 무사히 수용소 생활을 마치게 되니 다행이었다고 생각하였다. 세면장이 갖추어지지 않았고 화장실도 재래식이 되어 불편해 정말 지옥살이였으나, 어려운 처지에 마을 공회당이라도 있으니 임시방편이 되어 주었고 짧은 기간이지만 수용소 생활이 매듭지어져 김 이장은 한숨을 놓았다.

이렇게 시간은 모든 것을 다 안고 흘러갔다. 이튿날 청년회 김 회장과 임원 몇 사람이 김 이장 집을 찾아왔다. 김 회장은 이장 부인에게 "고생 많이 했습니다."하고 인사를 드린다. 김 이장의 부인은 "이처럼 찾아주어 참으로 감사하다."고 하고 "어제 공회당 수용소를 청소하느라고 고생이 많았습니다. 다른 장소와 달리 많은 사람들이 기거했던 곳이었기 때문에 시간도 많이 걸렸을 것입니다."라고 칭찬하였다. 그리고는 "모처럼 찾아왔는데 내놓을 것이 없어 많이 양해주기 바랍니다."고 답하였다.

김 이장은 청년회로부터 마을을 다녀온 이야기를 듣기로 하였다. 잠시 후 청년회장은 어떤 말부터 시작해야 좋을지 망설이다가 말을 내치기 시작했다. "마을로 들어서자 빈 마을은 까마귀들만 지키고 있었고 참으로 참혹한 현장이었습니다. 지붕은 타고 남은 서리(용골)만이 앙상한 채 내부는 타고 남은 온갖 것으로 엉켜져 있었습니다. 집에 들어가자마자 죽은 돼지와 소들로부터 뿜어져 나오는 악취와 닭과 강아지는 여기저기 죽어 흩어져 있으니 사람이 살던 곳이었나 하는 생각이 들었고, 지옥도 이곳보다 나을 것이라 생각되었습니다. 차마 눈 뜨고 보지 못할 지경이었습니다."고 그 참혹상을 토로하였다.

"이대로 마을을 방치해 두었다간 전염병의 온상이 될 뿐만 아니라 영원히 복구 못 할 험지로 남게 될 것 같은 생각이 들었습니다. 빠른 시일 내로 청년회원들이 들어가 마을 전체 집을 대대적으로 대청소하고 타다 남은 지붕서리며 기둥, 문짝 등을 처리하고, 죽은 짐승들은 땅에 묻은 후에 봄철이 오고 있으니 동백나무를 하나씩이라도 집들마다 심어 놓으면 동백꽃이 피어 집주인들을 반겨줄 것이 아니겠습니까?"하고 자신들의 의견을 피력하였다.

청년회장의 말을 가만히 듣고 있던 김 이장은 "참으로 훌륭한 발상이다. 나도 전적으로 청년회장의 생각에 동감한다."고 극찬해 주었다. 청년회장은 "내일부터 마을에 들어가 대대적인 청소에 들어가겠습니다."하고 일어섰다.

4월에 핀 동백꽃

    동복리 청년회원 20명은 단단한 각오를 하고 폐허가 된 마을 재건 역군을 자처하였다. 삽과 괭이, 청소도구를 들고 대대적인 청소에 들어갔는데, 청소는 마을 동동(東洞)부터 한 집당 5명씩 짝이 되어 청소를 시작했다.

    집안에 들어가 보니 엉망이었다. 돼지가 부패되어 내뿜는 악취에 견디다 못해 수건으로 입과 코를 막고 일해야 했다. 우선 악취 나는 것부터 흙을 파고 묻기 시작했고, 타다 남은 지붕 서까래 기둥 문짝들은 한곳으로 모아 쌓기 시작했다. 집 내부 벽장 속의 옷가지며 온갖 것을 방 밖으로 치웠는데, 또 다시 불태워야 할 것들이 마당에 높이 쌓였다. 재사용이 가능한 그릇, 식기 등은 한 곳으로 모아 두었다.

    점심시간이 되자 마을 지킴이 5백년 팽나무 쉼터 그늘에 같이 모여 앉아 도시락 반찬을 나누면서 휴식시간을 가졌다. 이런 작업속도라면 한 달이면 끝낼 수 있을 것 같았다. 하루 종일 쉬지 않고 작업하여 첫날을 마무리했고, 청년회원들은 군인들이 귀대하듯 김녕리로 돌아왔다. 귀가 거리는 동복과 김녕 사이의 도보거리인 30여 분 정도 걸렸는데 지친 몸들이었지만 쉬지 않고 서둘러 움직였다.

이튿날 날이 밝자 또다시 20명이 몇 개의 리어카에 삽과 괭이 등을 싣고 동쪽 동복리로 출발하였다. 작업은 계속되었고 짧은 겨울 해가 중천에 머무는 점심시간 즈음에 김 이장이 막걸리 한 통을 사람을 시켜 지게에 짊어지고 작업 현장에 찾아왔다. 팽나무 그늘 쉼터에 놓고 점심에 한 사발씩 대접할 요량이었다.

김 이장은 우선 동동 청소하는 현장으로 내려갔다. 청소가 끝난 집을 보니 검게 타버린 험상궂었던 집들이 말끔한 자태로 변해 있었다. 과연 청년회원들의 수고가 많았구나 생각하며 청년들을 찾아 수고 많이 한다고 격려하는 도중에 청년 회장이 찾아왔다. "김 회장 수고가 많네. 청소된 집과 그렇지 않은 집이 하늘과 땅을 보는 것 같다. 이렇게 달라질 수가 있느냐?"하고 격려를 아끼지 않았다.

점심시간이 되자 팽나무 그늘 쉼터로 청년회원들이 모였고, 김 이장은 막걸리 한 통을 내놓았다. "이장님 고맙습니다. 잘 마시겠습니다."하고 여기저기서 고마워하였다. "작업할 때는 뭐니 뭐니 해도 막걸리가 최곱니다."하며 우선 김 청년회장이 막걸리 코시를 한 다음 김 이장에게 한 사발을 권했다. 그러고 나서 각자 도시락 뚜껑에 한 잔씩 막걸리를 붓고 "우리 마을 우리가 재건하자!"하고 김 이장 건배 선창을 하자 다 같이 우렁찬 재창 소리가 마을 전체로 퍼졌다. 다들 막걸리 한 잔씩 마시고 나니 속이 좀 풀렸다.

점심시간이 지나자 작업장으로 내려갔다. 청년 회장이 김 이장에게 "이장님 집은 어제 청소가 되었습니다. 기왕에 오신 김에 한번 둘러보고 가십시오."하자 '그렇게 하겠다.'고 하고 집을 찾아 나섰다. 지금까지 집을 찾아볼 생각조차 염두에 두지 않았었는데 청년회장의 권유하는 말을 듣고 보니 보고 싶은 충동이 생겼다.

마당에 첫발을 들여 놓은 순간 기분이 180° 바뀌었다. '앞으로 새로 집을 멋있게 지으면 되겠구나!'하고 희망을 가져본다. 속으로 집신(家神)님에게 "그동안 많이 놀라셨습니다. 시국이 평정되어 다시 집을 세울 때까지만 기다려 주십시오."하고 묵념을 하였다. 이렇게 하고나니 한결 기분이 상쾌해지고 가벼운 발걸음으로 집밖으로 나왔다. 그리고 한 번 더 집을 쳐다보는 여유를 갖게 되었고 청년회장의 작업 현장을 찾아 나섰다. 청년회장이 앞으로의 작업 계획을 간단히 설명했다.

"우리가 이렇게 작업이 순조롭게 진행되면 이달 말까지는 끝낼 수 있을 것 같습니다."하였다. "그리고 어느 정도 마무리가 되는 대로 각 집마다 기념으로 동백나무 한 그루씩 심어서 집주인들을 반갑게 맞이하도록 하겠습니다."고 한다. 이에 김 이장은 "고맙네, 그렇게만 된다면 집주인들도 애착심을 갖고 마을 재건에 기쁘게 동참할 것이고, 집을 다시 지을 애착심이 생길 것 같네. 이 모든 것이 청년회가 수고해주는 덕분이네"라고 하며 격려하였다. 작업이 한창인 청년 회장은 "저희들은 저녁시간까지 일을 하고서 돌아가겠습니다. 이장님은 먼저 돌아가십시오. 오늘 찾아 주어서 고맙습니다."하였다.

청년회는 계획대로 2월 말까지 청소를 끝내고, 동백나무도 집집마다 한 그루씩 심었다. 3월 중순이 가까워지자 뿌리가 발 붙은 동백나무는 복스럽게 꽃망울을 터트렸다. 청년회장은 혹시나 동백꽃이 옮겨 심자마자 피어줄까 하여 우려했었는데 집이 불에 탄 재가 영향을 끼쳤는지 동백꽃들이 활짝 피었다. 청년회장은 너무 반가운 나머지 김 이장을 찾아가 "동백꽃이 피어 주었습니다."고 하고 "시간이 있으면 언제라도 제가 동행해 드리겠습니다."고 말한다. 김 이장은 너무 반가운 나머지 꽃이 지면 못 볼 것을 우려해서 즉시 "내일 가보겠다."고 하자 그러면 내일 같이 가기로 약속했다.

하늘에 흰 구름이 띄엄띄엄 떠있는 날씨가 맑게 개인 3월 중순 아침이었다. 청년회장이 트럭 한 대를 부탁하여 이장을 모시러 왔고 얼른 다녀오자 하고 동행했다. 정말이지 동백꽃은 김 이장과 청년 회장을 반기듯이 맞아주었다. 너무나 반가웠다. '바라던 동백꽃이 피어주었으니'하고 김 이장은 청년회장에게 연락망을 통하여 주민들에게 집집마다 청소를 끝내고 동백꽃도 피었으니 한번 찾아보라고 연락하라고 하였다. 김녕리로 돌아온 청년회장은 즉시 마을 사람들을 찾아다니며 "동복리 우리 마을 동백꽃 보러 오세요."하고 전달했다.

만나는 사람마다 "고맙다. 청년회가 수고 많이 했다. 수일 내 꼭 찾아보겠다."고 응답했다. 며칠 후 고향 동복 마을을 주민들이 찾았다. 그렇게 검게 타버린 집들이 말끔히 청소되어 있었고 마당 한쪽엔 탐스럽게 핀 동백꽃이 주인들을 반갑게 맞아주었다. 집에 대한 애착심이 마을 사람들의 가슴에 움트기 시작했다. "그렇게 원통했었고, 집신(家神)님 그동안 너무 외로웠겠습니다. 세상이 평안해지면 속히 새집을 짓도록 하겠습니다."하며 머리를 숙인다. 마을을 찾은 사람들은 집에 대한 애정이 생기게 되었고, 봄에 집 텃밭에 채소를 심을 생각 등을 하면서 자기 집을 다시 찾기 시작하였다.

계절은 따뜻한 봄을 넘기고 6월 하절기가 찾아왔다. 이제는 본격적인 여름 농사철이 되어 마을 사람들이 자주 마을을 찾는 횟수가 많아졌고 텃밭도 돌보았다. 하루는 초저녁까지 머물게 되니까 동백꽃이 피었던 자리에 '반딧불이'불꽃을 피워주었다. 반딧불이 마을 여기저기 인사하러 돌아다닌다. 마을에 평화가 오는 신호라 생각한 사람들이 "반딧불 보러 오세요." 하고 마을 사람들을 불러 모았다.

덕천 마을과 4 · 3

동백꽃은 4 · 3을 상징하며, 반딧불은 평화를 상징한다.

덕천 마을과 4 · 3[1]

　덕천리(德泉里)는 김녕리에서 남쪽으로 약 5km 지점 만장굴 인근(송달리와 중간지점)에 80여 호가 모여 오순도순 평화롭게 살아가는 중산간 마을이다. 마을 입구에는 '모산이물'이라는 넓은 샘이 있어 덕이 있는 샘의 마을이라 하여 이름이 지어졌다. 덕천리에는 모산이 샘이 있는 마을을 하덕천(下德泉)이라 하여 65여 호가 살고 있고, 2km여 떨어진 서남쪽에 상덕천(上德泉)이라 하여 15여 호가 살고 있다. 가까운 김녕리와 이웃 형제 마을이 되어 서로 도와가며 학교, 우체국, 경찰 치안 그리고 농협 등을 같이 이용하는 공동 생활권이다.

　4·3사건이 발발되자(1948.4·3.) 덕천리에도 어김없이 재난이 불어 닥쳤고, 1948년 10월 17일 제 9연대장 '송요찬' 소령이 해안선으로부터 5km 이상 떨어져 있는 중산간 마을에 대한 소개령(疏開令)을 내렸다. 중산간 마을 주민들을 해변 마을

로 강제 이주케 하였으며, 이에 불응하면 폭도배(暴徒輩)로 간주하여 총살하겠다고 포고령이 내려졌고 덕천리도 이주가 시작되었다.

이어 한달 후 1948년 11월 17일에 제주도에 계엄령이 선포되었고 중산간 지대는 초토화되는 참사를 겪게 되었다. 11월 중순부터 토벌대는 덕천리를 이웃 김녕리로 소개시켰고, 무장 공비에 협조 내지는 내통하고 식량까지 공급했다는 이유를 내세워 많은 양민들을 희생시켰다. 밤에는 무장 공비들로부터 고통을 겪어야 했고, 낮에는 서청토벌대에 의해 희생을 당하자 생명의 위험을 느낀 주민들은 하루하루가 지옥 같은 삶을 살아야 했다.

덕천 마을의 소개 이주민들은 이주해 갈 집을 얻는 일이 힘든 일은 아니었다. 서김녕리에는 동복리 이주민들에게 이미 선약되었고, 덕천리 이주민들은 주로 동김녕리의 친인척 집을 찾아 이주했으나, 연고가 없는 이주민들에게는 동김녕리에서 주선해주었다.

덕천리 주민들의 소개가 끝나자마자 즉시 서청 토벌대는 덕천리에 들어가 횃불을 이용해 집에 불을 놓기 시작했고, 마을은 겨울철 북서풍 하늬바람을 타고 거침없이 태워졌다. 우선 강아지, 닭, 돼지는 사살시켰고, 일부 소는 쇠막을 뛰쳐나갔으나 남아있는 소들은 사살되었다. 불에 타다 남은 지붕은 앙상한 서리만이 험상궂게 남아있고, 도깨비가 나올 것처럼 타다 남은 기둥 등에서 불꽃이 바람에 반짝거렸다. 주인 없는 불타버린 빈집에는 검게 그을린 살림 도구들만이 이리저리 뒹굴고 있었다.

마을이 전부 타버렸다는 소식을 들은 조계천(가명) 덕천리 이장은 덕천리에서 소개되어온 이주민 몇 사람을 대동하고 마을을 찾았다. 마을이 있던 곳은 전쟁이 휩쓸고 지나간 것처럼 참혹했다. 마을을 지키는 200년 된 팽나무와 '모산이 샘'만이 남아 마을이 있던 곳임을 알리고 있었다. 대동한 이주민 중 한 사람이 소를 키웠었는데, '소는 어떻게 되었을까?'하고 자기 집을 찾았다. 조 이장에게 "소를 그대로 남겨 두고 가서 어떻게 되었는지 걱정되어 집을 찾았습니다."고 말하고 집으로 들어갔다. 불에 타서 흉가 같은 집을 쳐다보며 마당 안으로 들어가 우선 쇠막을 보니 소는 행적이 없었고, 어떻게 된 일인지 대답해 줄 사람도 아무도 없었다. 고개를 갸우뚱하고 돼지우리를 가보니 이미 총에 맞아 죽어있는 돼지들에서 나오는 악취가 코를 찔렀다.

조 이장은 같이 온 주민들에게 기왕에 온 김에 마을 전체를 한번 같이 돌아보고 가자고 하였다. 그렇게 조 이장과 같이 온 주민 셋이서 마을 여기저기를 살펴보았다. 조 이장도 자기 집을 살펴보니 성한 데가 하나도 없었다. 집집마다 타다 남은 생활도구들만이 마당에 뒹굴고 있었다. 같이 온 젊은이가 "저기 소 한 마리가 풀을 뜯고 있습니다."하고 소를 가리킨다. 쇠막을 뛰쳐나간 소 같았다. 조 이장이 소 한 마리라도 남아있어서 가까이 접근하자 소가 화들짝하고 튀어 달아났고 동시에 수풀에 숨어있던 꿩 한 마리가 '파다닥'하고 날아가 버린다.

조 이장은 소를 보러 왔다는 사람에게 "아까 본 소가 누구네 소인 것 같으냐?"하고 물었다. "얼른 봐서는 누구네 소인지 식별이 안 되었다."고 한다. 결국 조 이장과 주민 셋은 상덕천을 둘러보는 일은 포기하고 이제는 내려가자 하고 마을로 향하였다. 그런데 모산이 못에 다다르니 난데없이 소 한 마리가 물을 꿀꺽꿀꺽 정신없이 먹고 있었다. 다들 조용히 누구네 소인지를 살펴보는데, 소를 보러 온 주민이 "우리 소가 아니다."하고 실망 섞인 말을 하였다. 그래도 조 이장 일행은 자세히 소의 특성을 살폈다가 마을에 가서 주인에게 이야기 해주자고 좀 더 소를 관찰하였다. 잠시 후 소는 물을 마시고 나서 유유히 숲으로 사라졌고 조 이장 일행은 김녕 마을로 돌아갔다. 저녁노을이 불타고 폐허가 된 덕천 마을의 모습을 조용히 비추고 있었다.

덕천 마을과 4 · 3⁽²⁾

　조 이장이 집에 와보니 서청대에서 찾아왔었고 내일 다시 찾아오겠다는 전갈이 있었다. 이에 조 이장은 은근히 걱정되었다. 이튿날 오전에 서청대에 찾아갔는데, 내일 오전까지 서청대 주둔 본부에 찾아와 달라 하고 올 때는 마을 젊은 사람들에 대한 살생부를 작성하고 나오라는 것이었다. 어쩔 수 없이 "알겠습니다."하고 대답하고 보니 겁나는 일이었다. 마을 젊은 이들을 색출하여 처형하겠다는 것임을 알고 걱정이 태산이다. 하루 종일 온갖 걱정을 해도 답이 안 나오고 누구한테 의논할 일도 아니라서 혼자 속만 태우게 되었다. 밤새 잠도 안 오고 마을 사람들 중 젊은 남자라고 해야 몇 사람이 안 되는데 하다가 갑자기 좋은 생각이 들었다. 전부해야 40여 명밖에 안되는데 전원 명단을 써넣고 나는 어느 사람이 내통자인지 찾아 낼 방법이 없다고 하자고 마음먹고 나서야 잠을 청했다.

날이 밝자 옷을 차려 입고 서청대를 찾았다. 대기하고 있었는지 도작하자마자 안으로 안내되었고 수사관 앞에 죄인처럼 앉았다. 수사관이 조 이장에게 갖고 온 살생부를 내놓으라고 하는 눈치를 주자 조 이장이 작성된 명단을 제시했다. 명단을 본 수사관은 "이렇게 많으냐?"고 되묻자 조 이장은 "덕천리 젊은이들은 이 사람들이 전부이며 작은 마을이 되어 누가 내통자로 의심되는 사람을 찾아 낼 방법이 없어 전원의 명단을 올렸습니다."하고 답했다. 가만히 설명을 듣고 있던 수사관은 얼굴을 붉히면서 "이렇게 하면 수사에 협조하는 것이 아닙니다. 이 명단을 다시 갖고 가서 그중에서 경중이라도 순위를 정해주어야 수사할 수 있으니 내일 다시 오세요."하고 그대로 돌려보냈다.

이렇게 되자 조 이장은 다시 고민에 들어갔다. 집에 오면서 이런 저런 생각을 해봐도 답을 찾지 못했고, 또 잠을 설치게 되었다. 자정이 넘도록 고민하다가 가만히 생각해보니 결국 전원이 수사 대상이 될 것이 뻔한 일인데 대략 연령별로 추리자는 생각이 들어 새로 작성하였다. 이번에는 18세 미만자 두 사람을 뺀 38명만 써 넣었다.

날이 밝자 또 서청대를 찾았다. 수사관이 나와 수사실로 안내되었다. 자리에 앉아마자 두 장의 명단을 내놓았다. 수사관이 살펴다보더니 이번에는 좀 신경을 쓴 것 같다고 하고 앞서 제시한 명부보다 2명이 줄었다고 하자 조 이장이 "미성년자 2명을 뺐습니다."고 하였다. 수사관은 덕천리는 중산간 마을이고 이미 전 마을사람들이 공비 폭도들하고 내통되어 있고, 식량 공급자들이라고 단정 짓고 있으니 명단을 추려낼 필요도 없이 전부가 처단 대상이라고 확정해 놓고 있는 처지였다. 수사관은 "수고 했습니다. 다음에도 수사에 많이 협조 바란다."라고 하였다.

악랄한 살상 집행

김녕리 동쪽 이웃마을 월정리에 주둔하고 있는 서청(서북 청년단 소속) 특별 중대가 김녕마을에 소개된 중산간 덕천리 소개 이주민(疏開移住民)들을 폭도 무장대에 내통하고 식량을 주었다는 이유를 내세워 양민 18명을 색출하여 무조건 내통자로 주목하고 잡아들였다.

잡아 온 사람들로부터 자백을 받아 내기에 혈안이 되었고 고문이 연일 계속되었다. '전기 취조', '코에 물 집어넣기' 등 각종 취조 방법이 총동원되었으며, 하루도 쉬지 않고 진행되었다. 내통한 일도 없는 중산간 마을에 살고 있었던 것만으로 억울하게 죄인 취급을 받는 양민들은 명예를 버리기 싫었다. 그들 앞에서 곧 쓰러진다 해도 허위자백은 하기 싫었다. 그 중 노약자 2명은 연일 계속되는 고문에 견디지 못해 허위 자백을 하고 말았다. 이렇게 되자 두 사람은 딴 유치장으로 이송시켰으며, 생명을 내놓아야 했다. 다음 날 심야에 김녕마을 앞밭에서 총살되었고 가마니로 덮혀 있는 것을 동내 사람들이 발견하여 소개된 가족들에게 알리고 시체 수습을 하였다.

입을 열 때까지 계속 고문이 진행되었으나 나머지 16명은 요지부동이었다. 장기간 고문에 기력들이 떨어져 저승길을 왔다 갔다 했다. 눈뜨면 이승이고 기력을 잃어 눈을 감으면 저승이었다. 연일 고문이 계속되어도 진전이 없자 취조관들은 처치할 수밖에 없다고 판단하였고 즉결권을 행사하여 처단하기로 결정짓고 고문대상자들을 며칠 굶기자 기력들이 거의 없는 상태가 되었다. 이들에 대한 처형 계획이 정해졌고, 장소는 김녕 중학교 앞 휴경지 밭이고, 시간은 오후로 결정되었다. 처형 방법은 미리 철창(鐵創)으로 처형하기로 정해져 있었다. 피살 대상 중 1명은 김녕중학교 호국단에 지정해놓고, 나머지 15명은 김녕청년단 특공대에 처형을 책임지도록 하였다. 시간이 되면 현장에 다 모이도록 조치되었다.(중학교 호국단과 청년단 특공대는 처단하라는 명령에 무조건 복종해야만 했다.) 중학교 호국단장(이영종 가명)은 철창을 들고 20명의 대원들을 대동하고 현장을 찾았다. 이미 청년단 특공대 대원들도 30명 전원 현장에 집결되어 있었다. 그리고 2열로 줄지어 대기하였다.

피살자를 세울 열십자 나무처형대가 열여섯 곳에 이미 세워져 있었다. 잠시 후 트럭으로 사살될 사람 16명을 태우고 왔다. 사살대상자 16명은 이미 거의 딴 세상 사람이 되어 있었다. 차에서 내리는 것도 힘들어하자 청년 특공대원들이 재빨리 한 사람씩을 두 사람이 팔을 잡고 십자 처형대 앞에 세웠다. 학도 호국단에서 1명, 나머지 15명 청년 특공대가 처단할 사람들 앞에 줄지어 세워졌다. 인솔한 담당관이 앞에 나서더니 철창을 든 학도 호국단장을 5m 앞에 세웠고, 다음에 15명 앞에 특공대장을 선두로 하여 15명을 줄 세웠다. 그리고 사살대상자 전원은 눈을 수건으로 가렸다.

인솔 담당관이 "돌격"하고 명령을 내리자 일제히 돌격하여 사살 대상자들을 철창으로 찔렀다. 학도 호국단장이 담력이 부족한 탓인지 철창을 속히 빼지 못하였는데, 결국 동료들이 빼 주었다. 사살된 사람들이 모두 눕혀지자 담당관이 권총으로 쓰러진 시체에 "탕, 탕, 탕, 탕"하고 확인 사살을 하였다. 그리고는 숨을 끊어 놓은 사체 위에 갖고 온 빈 쌀가마니를 한 장씩 덮어주었다.

"누가 선이고 누가 악인지 판단은 지금이 아니라 먼 훗날 다른 사람들의 몫이 될 것이다." 현장을 목격한 증언자의 말이다.

후속 처단

　서청특별대(토벌대)는 덕천리 조 이장으로부터 받은 살생부에서 일차 18명을 처단하고 난 후 나머지 20명에 대한 수사를 본격적으로 진행했다. 매일같이 전(全) 이주민들을 대상으로 몇 사람씩 소환해갔다. 공비폭도 동조자라 단정해도 본인들로부터 자백을 받아내어야 정당성이 보장되는 것이기 때문에 고문을 심하게 진행하였다. 악명 높기로 알려져 있는 서청특별대에 한번 잡혀 가면 온전하게 살아 나오는 사람이 별로 없었다. 한쪽에서는 소환이 계속되었고, 또 한쪽에서는 고문도 계속되었다. 취조 팀은 전기고문, 물고문 할 것 없이 악랄한 수법을 다 동원하였다.

　그러나 내통자나 동조자라고 자백하는 자는 한사람도 안 나오고 식량은 자신이 공급한 게 아니라 탈취 당했다는 주장들도 굽히지 않았다. 이렇게 되자 고문의 강도가 높아졌다. 고통에 비명을 지를 기력조차 없는지 신음 소리만이 고문장을 채운다. 양민들도 폭도들과의 내통자로 몰릴 수 없다는 자존심을 버릴 수 없다 하고 끝까지 버티었다.

강도 높은 고문에도 꺼질 줄 모르는 버팀이 계속되자 서청대에서도 고민이 되었다. 결국은 어느 쪽이 이기느냐 하는 버티기에 들어간 셈이었다. 이렇게 되자 고문 팀에서는 방법을 바꿔 보자는 쪽과 그대로 고문을 강행하자는 팀으로 나눠졌다. 서청대장은 고문이 성과가 없자 담당관을 불러 진행 상황을 들었다. 한쪽은 계속 고문이 진행해도 고집이 꺾이지 않고 있다 하고, 한쪽은 고문으로 일부 건강이 좋지 않은 사람들을 일단 처단하고 나머지 견디는 사람에 대해서는 계속 고문하여 자백이라도 받아내고 처단하는 것이 좋겠다고 하였다. 서청대장은 양쪽 말을 다 듣고 난 후 후자를 선택했다.

서청대장의 지시대로 일차 견디기 힘든 사람을 대상으로 처형할 것을 계획하고 날짜와 장소 선정에 들어갔다. 담당관은 처형 장소 선정에 고민이 되었다. 덕천리에 가서 하기는 민심에 문제가 될 것 같은 예감이 들었다. 그런다고 월정리도 타부락 사람을 대려다 처형장을 제공하는 것처럼 보여서 곤란했다. 서청대장은 담당관의 보고를 받고 잠시 생각 끝에 계속 처형장을 제공해오고 있는 김녕리를 선택할 수밖에 없다고 생각하여 관할 지서장에게 한번 고려해 달라고 부탁하였다.

　김녕 경찰지서 한지서장은 동복 사람들의 처형장으로도 썼고 현재 덕천리 소개 이주민들도 김녕리에 살고 있기 때문에 사체 수습을 고려해서라도 여기저기에 벌이는 것보다 한 장소에서 처형하는 것이 좋겠다고 허락해 주었다. 서청대장은 처형 일정에 대해서는 담당관이 알아서 정하라고 지시하였다. 담당관은 즉시 처형대상자 10명 선정 작업에 들어갔는데, 막상 대상자를 선정하려고 하자 건강 상태 점검 등 쉬운 일은 아니었다. 결국 눈감고 점찍듯이 다음에는 전원 처형이 될 것인데 하고 대상자를 정하였다. 담당관은 서청대장을 찾아 "다음 월요일 날 늦은 밤 조용한 시간을 이용하여 처형을 하겠습니다."한다. 처형 당일이 되자 담당관은 1개 소대를 대동하고 수송과 사형 준비를 하였다. 시간이 되자 현장에 도착하여 처형자와 사격병 10명씩을 줄 세우고 "사격"하고 명령을 내렸다. "탕, 탕, 탕, 탕" 총구에서 불이 뿜어지자 처형자들이 땅에 쓰러졌고, 담당관의 사망 확인 점검이 끝나고 사체 위에 빈 가마니를 한 개씩 덮어주었다.

　1차 처형을 끝낸 담당관은 나머지 10명에 대한 고문에 들어갔다. 계속되는 고문이 무색할 정도로 자백은 요지부동이었다. 고문이 점점 강하게 진행되어도 모두가 꺾일 줄 모르는 완강한 저항은 굽힐 줄 모르고 저승까지 갖고 갈 굳은 결심만 남아 있었다. 서청대는 결국 할 수 없이 자백이 없더라도 처형을 강행할 수밖에 없다고 결론을 지었고 담당관은 서청대장에게 일단 보고하였다. "남은 10명은 악질이 되어 도저히 자백 받기가 힘들겠습니다. 자백을 받지 못하더라도 처형할 수밖에 없습니다."고 하였다. 서청대장은 가만히 생각해보니 그대로 죄 없다고 내보낼 수도 없고 진퇴양난이었다. 잠시 고심 끝에 "정 그러면 담당관의 의견대로 처형해도 좋다."하고는 "이런 일은 처음 보네"하고 집무실 밖으로 나가버린다. 담당관은 일단 지시가 내려진 일이라 처형 장소와 집행 일자를 정하고 "앞서 했던 대로 같은 장소에서 처형하겠습니다." 하고 서청대장에게 보고하고 덕천리 이주민들에 대한 마지막 처형을 끝냈다.

소 찾고, 동백 꽃피고

　며칠 전 조 이장과 셋이서 '모산이 못'에서 물을 먹고 있던 잃어버린 소가 누구의 소인지 하고 이주민들에게 알렸다. 소를 갖고 있던 대여섯 사람이 불타버린 집도 볼 겸 언제 같이 가보자고 의견이 모아졌다. 소는 하루에 한 번씩 물을 먹기 때문에 틀림없이 '모산이 못'에 물 먹으러 올 것이라고 예상되었다.

　마침 날씨가 좋은 날이 되자 여섯 집 이주민들이 모였고, 소개된 후에 처음 찾아보는 일이라 다들 마음이 설레었다. 보행으로 한 시간 채 못 걸려 마을에 가까워지자 '모산이 못'이 반가이 맞아 주었고 소는 보이지 않았다. 각자 자기 집을 찾아나섰다. 집에 들어서자 앙상한 집 골조가 인상을 찌푸리게 하였다. 마당 여기저기에 생활도구들이 널려있었고 소가 없는 쇠막이 허전해 보였다. 혹시 물 먹으러 왔던 소가 우리 집 소일지도 모를 일이라고 조금 희망을 가져본다. 닭은 여기저기 죽어 닭털이 흩어져 있었고, 돼지는 우리에서 총에 맞아 죽었는지 썩은 악취가 코를 찔렀다. 우선 짚을 갖고 와서 돼지 몸체 위에 덮어서 보기 흉한 몸체만이라도 감추어 주었다. 집안은 엉망이었고 타다 남은 문짝과 궤짝 등 옛날 모습을 찾아보기 어려웠다. 추운 겨울철이 지나면 속히 와서 집 청소를 해야 되겠다고 마음먹고 "집신(家神)님 멀지 않아 추운 겨울철이 지나 봄이 오면 찾아와 청소를 하겠으며, 시국이 풀리면 새로 집도 짓겠습니다."하고 고개를 숙인다.

이처럼 각자 자기 집을 살펴보았고 이웃집도 밖에서 들여다보고 나서 사람들이 다시 '모산이 못'으로 가보니 아닌 게 아니라 소 한 마리가 물을 먹고 있었다. 이번에는 도망가지도 않고 물을 열심히 먹고 있었다. 한 사람이 우리 집 소가 맞다 하고 가까이 가서 이놈 하고 소머리를 쓰다듬어 주며 "그동안 고생 많이 했다."고 하자 소가 반갑게 고개를 흔든다. 이렇게 소와 같이 있게 되자 같이 동행했던 다섯이 다 모였고 "이 사람 소 찾았네!"하고 한바탕 기뻐들 했다.

"다들 조용해라. 소가 놀래 도망가면 어쩌나!"하고 소 주인이 걱정하였다. 곁에서 한 사람이 내가 집에 가서 쇄석(소를 묶기 위한 목줄)을 갖고 오겠다고 하고는 "잠깐만 기다려라!"하고 잠시 후 재빨리 쇄석을 갖고 왔다. 소주인은 소를 묶고 "김녕리로 우리와 같이 가자!"고 하였다. 이렇게 하여 같이 동행했던 일행하고 소를 끌고 김녕리로 출발했다. 소 주인은 그런데 '쇠막도 없이 김녕리에서 소는 어떻게 키우지?'하고 기뻐했던 순간은 가고 오히려 은근하게 걱정이 생겼다.

일행들과 같이 걸으면서 의논해 보았으나 일행도 딱히 해결책을 내놓지 못하였다. 우선 소를 먹일 촐(건초)부터 없고, 어디서 키워야 할지 걱정이 되니 혹시 집 주인이 소를 키울 수만 있다면 주어버리라고 한다. 그 말을 들어보니 옳은 생각 같아서 집에 도착하자 집주인을 찾아뵈었다. 집주인이 "무슨 일이 있는가?"하자 소주인은 자초지종을 설명하고는 "오늘 소를 찾고 이렇게 끌고 왔습니다. 제가 키울 형편이 안 되니 집 주인께서 키우십시오."하자 집주인은 갑자기 생긴 일이라 망설이다가 "집에 빈 쇠막도 있고 해서 그러면 맡아 키워보겠다."고 쾌히 결정지었다.

잃어버린 소를 되찾은 행운을 갖고 온 일행들은 덕천리 이주민들에게 전부 타버린 집에 가서 대대적인 청소를 해야 되겠다고 전갈하였다. 조 이장은 날짜를 정하여 이주민 전부가 하루 찾아 가서 청소하기로 결정하고 날씨가 풀리는 날을 택하기로 하였다. 며칠간 추운 겨울 날씨가 이어지다가 마침 날씨가 풀릴 예고를 밝은 한라산이 해주었다. 조 이장은 내일 틀림없이 날씨가 풀릴 것이니 거동할 수 있는 사람 전원이 함께 가서 자기 집을 청소하자고 연락을 하였다.

날씨는 예고한대로 모처럼 겨울 날씨가 맑게 개어주었고 한라산은 구름 한 점 없이 몸체를 온전히 드러내고 있었다. 이 주민들은 청소도구 등을 둘러메고 한 집당 여럿이 모여 출발하였다. 덕천 마을에 들어서자 모산이 못과 마을 지킴이 팽나무만이 '오랜만에 찾아왔네!'하고 인사를 한다. 다들 윗도리를 걷어 올리고 청소에 들어갔다. 집에 심어져 있는 동백들이 꽃을 피워 수줍은 듯이 방긋이 미소를 지으며 인사를 한다. 하지만 청소에 정신이 없는 집주인들은 우선 청소부터 끝내고 인사를 받겠다는 듯이 분주히 움직인다. 문짝이며 궤짝에 옷이며 뜯어내고 청소할 것들이 이루 말할 수 없이 많았다. 타다 남은 목재와 제기(祭器), 식기(食器) 등을 정리하느라 점심 먹을 틈도 없었다. 조 이장도 총동원한 가족들과 부지런히 청소하고 지친 허리를 좀 쉬고 나서 다시 청소를 시작하였다. 오후 4시쯤 되자 "돌아가는 시간이 있으니 대충 하고 철수합시다." 하고 연락들을 하였다. 집 마당을 나오면서 보니 소리 없이 반겨주는 동백꽃을 마주하였는데, 피로가 한결 풀어졌다. 덕천 마을은 중산이 되어 집집마다 동백꽃 나무가 심어져 있었다.

마을입구 당산나무 밑에 모여 "날이 풀어지면 다시 찾아오겠습니다."하고 마을을 내려왔다. 그 후 겨울이 물러날 채비를 하고 봄이 찾아오자 마을에 자주 들리게 되었다. 텃밭에 봄채소 씨 넣기에 분주해지기 시작했고, 여름 맞이가 가까워졌다. 이제는 반딧불도 피겠지 하여 몇몇이 '늦은 김에 첫 반딧불이나 보고 내려갈까?'하였다. 옛 사람들도 첫 반딧불을 보면 복 받는다고 하였다고 하며 잠시 기다렸다.

좀 어두워지자 반가운 반딧불이 동백꽃이 지어버린 자리에 정답게 피어 주었다. "반갑다 반딧불아!"하자 반딧불들은 여기저기로 날아 다녔고 사람들도 올해 첫 반딧불도 보았으니 내려가자 하고 마을 지킴이 팽나무를 뒤로하고 '모산이 못'에 이르렀다. 그런데 넓은 모산이 못의 주변이 검은 말들로 채워져 있었다. 못 주위를 가득 채운 말들의 물먹기가 한창이었다. 물을 먹던 말들은 사람들을 보자 물을 먹다 말고 한 마리 두 마리씩 못을 뜨기 시작했고, 잠시 후 줄줄이 못을 다 떠나갔다. 이것을 본 한 사람이 "어떡하지 말 임자가 지난 달 말에 서청 토벌대에 의해 총살당했는데"한다. 우리가 내려가서 조 이장님에게 알리자 하자 딴 사람이 "박말태우리(말 주인) 부인에게도 알려주워야 되겠다."고 하며 새로운 희망을 발견한 듯이 한층 가벼워진 발걸음을 옮겼다.

월정 마을과 4·3

동백꽃은 4·3을 상징하며, 반딧불은 평화를 상징한다.

월정 마을과 4 · 3

월정리(月汀里)는 김녕리에서 동쪽으로 5km 정도 떨어진 이웃 마을이다. 마을의 지형이 물가에 초생달처럼 마을이 자리하고 있다하여 이름 지은 마을이다. 약 300호에 이르며, 반농(半農) 반어가(半漁家)로 생활한다. 중학교, 우체국, 경찰 치안과 농협 등은 김녕리와 같은 생활권에 있으며, 설촌 때부터 김녕리와 형제 마을로 이어오고 있는 마을이다. 월정리는 교육열이 높은 마을이며, 국민학교(지금 초등학교)를 1924년(김녕초등학교 인가 1923년 다음해)에 일찍이 인가 받아 동쪽의 이웃 마을 행원리와 같은 학구를 형성하고 있다(학교명 구좌중앙초등학교).

교육열이 높은 월정리에서는 제주읍(현 제주시) 중등 교육기관인 제주 농업학교에 2명을 진학시켜 놓고 있었다. 1945년 8월 15일 광복이 되자 전국이 불안한 정세에 휩쓸리게 되었고, 이들 2명도 어김없이 적색 마수에 걸려들었다. 새로운 세상이 오게 된다고 하여 적색 사상 도서를 탐독하였고, 고향 마을을 개조하고 싶은 영웅심이 싹트기 시작했다. 월정리에서 밤이 되면 현 정세에 대한 비판과 빈부 없는 살기 좋은 사회 건설, 단독정부수립반대 등을 담은 삐라를 만들어 밤거리에 뿌리기 시작했다. 경찰에서 내사가 시작되자 마을 분위기가 불안해졌고, 마침 1948년에 4·3사건이 도발하자 자진 입산 공비가 되고 말았다.

한 사람 한기평(가명, 제주 농교 4년)과 또 한 사람 박두선(가명, 제주농교 4학년)은 동급생이었다. 두 사람은 월정리를 담당하는 입산 공비가 되어 마을 습격을 계획하였다.

마침 김녕리와 월정리 경계에 있는 바다 해변 속칭 '솔락개' 원담 어장에 봄 갯멜이 들었다. "갯멜 들었저!"하는 소리가 온 동내에 퍼졌고 마을 사람들이 너나없이 족바지(멸치를 걸어 올리는 그물로 된 도구)와 구덕을 메고 나섰다. 이어 새벽잠을 깬 참새들도 같이 가겠다고 "짹, 짹"거린다. 마을 사람들이 앞서거니 뒤서거니 달음박질(제주방언, 달리기) 하였다. 갯바위에 나간 사람들의 웅성거리는 말소리가 아침 안개 낀 갯바위를 넘고 있었다. 이때를 놓치지 않고 월정 출신 입산 공비가 인솔하는 폭도들 대여섯 명이 슬금슬금 얼굴을 내밀고 나타났다.

입산 공비인줄 모르는 사람도 있었지만, 이미 알고 있는 일부 사람들이 "폭도들이 습격했다."라고 외치며 뛰쳐나갔고, 옆에서 놀란 사람들은 멸치를 거리다 말고 혼비백산하여 도망쳤다. 멸치 어장은 삽시간에 대혼란의 장이 되었고, 입산 폭도들은 버리고 간 구덕을 메고 유유히 사라졌다. 이 소식을 들은 박 이장은 즉시 김녕지서에 달려가 입산 폭도들 다섯 명이 갯 멸치어장에 습격해 왔다고 알렸다. 김녕지서에서 경찰들이 갯 멸치어장으로 달려갔으나 공비들은 이미 사라지고 없었다. 점차 바닷물이 들어오기 시작하자 언제 그랬나 하듯이 조용한 갯바위 원담은 바닷물에 잠겼고, 갈매기들만이 "끼룩, 끼룩" 하며 바다를 지키고 있었다.

마을을 습격하고 사라진 공비들은 며칠간 조용했다. 공비들은 달밤 구름 낀 날은 놓치지 않고 어김없이 습격해 왔다. 이번에는 월정리 출신 한기평(가명)이 주동자가 되어 10여 명이 대대적으로 습격을 해왔다. 두 팀으로 한 팀은 식량 탈취에 주력했고, 다른 팀은 식량 운반에 주력하였다. 식량 탈취 과정에서 소란이 발생하고 반항하자 즉석에서 주민들을 살상했다. 어떤 경우는 총을 빼앗으려고 격투 하는 도중에 딴 공비가 총격을 했고, 식량이 많이 안 나오는 집에서는 대체 이런 것들이 있어 하고 총살했다. 또한 도망치는 사람들은 뒤쫓아 가서 사살하였기에 사망자가 많이 발생하였는데 이날 희생자는 30여

명에 이르렀다. (당시 월정리 박 이장의 아들 박서동 증언)

새벽이 되자 박 이장이 김녕지서에 부지런히 달려갔고, 어젯밤 늦은 시간에 공비들이 마을을 습격해 왔고 많은 식량이 털렸으며, 인명도 30여 명 많은 살상을 하고 도망쳤다고 보고하였다. 월정리 박 이장으로부터 소식을 접한 김녕지서장은 심각하게 받아들였다. 그래서 앞으로 토벌대가 주둔할 경우는 우선 월정리에 주둔하도록 건의할 생각을 하게 되었다.

공회당 전소

월정리에서 2명의 입산 공비가 있어서 자주 습격해오고, 취약 마을로 인식하게 되면서 김녕지서장은 서청대가 주둔하지 않게 될 경우에 성산포 경찰서에 지원 병력을 요청할 계획을 세웠다.

의기양양하게 습격했던 입산 폭도들은 식량을 충분히 약탈해 갔는지 좀 잠잠해졌다. 그렇지만 한 달이 지난 후 다시 구름 낀 달밤이 되었고 마을 사람들은 초조해지기 시작했다. 마을에서는 집집마다 식량을 감췄고, 젊은 사람들을 대피소에 숨긴 집도 많이 생겼다. 그리고 마을 습격 기미를 알게 되면 공회당 인근 집 사람이 종을 치도록 대책을 세워놓았다.

예상대로 20여 명의 공비 폭도들이 구름 낀 달밤에 대대적으로 습격해 왔다. 저번 습격 때처럼 두 팀으로 편성하고 식량 탈취를 시작했다. 식량은 많이 약탈해가야 실탄과 교환할 수 있는 중요한 자원이었다. 이번에도 '한기평'(가명)이가 주동이 되었다. 여기저기 살벌하게 돌아다니는 것을 감지한 공회당 인근 집사람이 얼른 공회당으로 들어가 종을 "땡, 땡, 땡"하고 힘내어 울리게 했다. 종소리가 조용한 밤에 온 마을로 번져가자 입산 공비 폭도들은 이게 무슨 소리냐 하고 겁먹기 시작했고 호루라기를 "삑, 삑" 불어대며 철수 명령을 하였다. 그렇지만 종소리가 울린 공회당에 불을 놓았고, 공회당은 목조 건물이라 바닷바람에 불꽃을 날리며 활활 타 전소되었다.

새벽이 되자 박 이장은 김녕지서로 달려갔다. 한 지서장을 상면하고 "어젯밤에 또다시 20여 명이 대대적으로 습격을 해왔는데 습격 기색을 알고 공회당 종을 쳐서 습격을 알리는 조치를 취했더니 공회당만 불태우고 도망쳤습니다."고 보고했다. 이에 "그것 참 좋은 대책을 잘 세워 다행입니다. 수고했습니다. 멀지 않은 시일 내에 대책을 세워드리겠으니 기다리고 계십시오."하고 한 지서장이 위로하였다.

한 지서장이 요즘 입산 폭도들이 집중적으로 습격해 오는 것을 심각하게 받아들이고 있는 참인데 마침 경찰서장으로부터 전화가 왔다. "김녕지서 관내 취약지구에 서청토벌대를 주둔해야 될 것 같은데 어떻게 했으면 좋겠나?"하고 상의해왔다. 마침 다행이라 생각하고 "그렇지 않아도 서장님에게 입산 공비로부터 습격이 자주 발생하는 취약지역이 있어 서장님께 병력 지원 요청을 드릴 계획이었습니다. 기왕이면 빨리 주둔할 수 있도록 조치하여 주십시오."하였다. 그러면 어디가 좋은지 말해보라고 한다. 지서장이 "월정리입니다."하자 "그러면 주둔할 넓은 건물이 있느냐?"고 되묻는다. "월정리에 국민학교가 있어 걱정이 없습니다."하자 "서청과 결정이 되는대로 주둔키로 하겠다."고 확답을 하였다.

한 지서장은 서청대 주둔 결정이 속히 진행되자 현장방문에 나섰다. 학교가 월정리와 행원리 중간쯤에 있어 서청대가 주둔하기에 적격으로 판단되어 안심하였다. 학교장을 만나고 서청대 주둔에 협조해 달라 한 후 월정리 박 이장을 방문하고 서청대 주둔이 임박하여 현장 방문을 하였고, 학교장에게 협조해달라는 부탁을 드리고 왔다고 하며 박 이장도 많이 협조해 달라 하였다.

서청토벌대 주둔

성산포 경찰서장으로부터 김녕지서장에게 전화가 왔다. 오늘 오후에 서청특별대(토벌대)가 주둔하러 오게 된다는 것이었고, 주둔할 특별대는 2연대 2대대 11중대 3개 소대라고 하였다. 오후가 되자 한 지서장은 직원 한 사람을 대동하고 월정 초등학교를 방문했다. 학교장을 만나 오늘 서청특별대가 주둔하러 온다고 하고 교장실에서 기다렸다. 교장 선생은 "학교가 휴교 상태가 되어 물 한 잔도 접대 못 하게 되어 미안합니다. 주둔하게 될 교실들은 다 비워져 있습니다."고 하였다. 잠시 기다리고 있으니 월정리 박 이장도 방문하였다. 서로 인사를 주고받고 같이 서청대를 기다렸다.

잠시 후 시간이 되자 지프차를 앞세우고 여러 대의 트럭이 먼지를 일으키며 정문 안으로 들어왔다. 대기하던 일행이 차 앞으로 나와 맞이했다. 서청대장과 지서장, 교장, 박 이장은

서로 통성명하면서 인사하였다. "오시느라 수고했습니다."하
자 서청대장은 "신세지게 되었습니다."하고 첫 인사를 교환하
였다. 학교장이 "사용할 교실은 몇 개면 되겠습니까?"고 묻자
서청대장은 "교실 4개면 되겠습니다."한다. 교실 1개는 대장
실로 사용하고, 나머지는 1개 소대씩 3개 소대가 쓰게 될 것이
라고 하자 학교장은 담당 교사를 불러 4개 교실을 안내해 드
리라고 하였다.

　담당교사의 안내에 따라 서청대원들은 각자의 짐을 내려놓
고 자리를 차렸다. 서청대장실은 임시 마련한 방에 한 지서장
과 동행한 직원과 같이 방에 들어갔고, 서청대장과 자리를 같
이했다. 김녕지서장은 서청대장에게 앞으로 담당하게 될 관활
구역에 대한 현황을 설명해 드리겠다고 한 다음 지금까지 몇몇
부락이 습격을 당하고 있는데 방어를 제대로 못하고 있다고 하
였다. 서청대장은 상황을 심각하게 받아들이며 당장 오늘부터
경계 근무에 들어가야 하기 때문에 가장 긴급한 사항을 설명하
라고 하였다. 이에 한 지서장은 동행한 직원에게 종이 한 장을
꺼내라 하고, 탁자 위에 펴놓고 관할 구역을 그리기 시작했다.

　김녕리를 중심에 두고 크게 동그라미를 그려 놓고 서쪽, 남
쪽에 그리고 동쪽 두 곳에 각기 네 곳에 동그라미를 그렸다.
김녕리를 큰 동그라미 두 개로 갈라놓고 현황 설명에 들어갔다.

김녕리는 길 하나를 놓고 동, 서 마을 행정 구역으로 갈라져 있고, 약 1,000여 호가 되는 큰 마을이며, 옛적은 천하대촌이라 불렸다고 하였다. "입산 공비는 1명이 있고, 마을에 자경대로 민보단이 조직되어 있습니다. 그리고 무장 특공대 청년 조직과 중학교 학도 호국단이 있으며, 마을 외각에 성을 쌓아 마을을 지키고 있어서 김녕지서에 인원이 적지만 피해가 가장 적은 마을입니다."라고 보고 하였다. 그러면서 이 마을(김녕)은 우리 지서에서 전담하겠다고 하였다.

서쪽 동복리를 가리키며 100여 호가 살고 있으며, 김녕에서 약 5km 떨어져있고 입산 공비가 1명이 있어 습격 피해가 자주 일어나고 있다고 하였다. 그리고 남쪽에 덕천리가 있는데, 80여 호가 살고 있고 김녕에서 역시 약 5km 정도 떨어져 있는 중산간 마을이며, 동쪽 월정리는 300호가 살고 있으며 김녕리에서 비슷하게 약 5km 정도 동쪽에 위치하고 있으며, 입산 공비가 2명이나 있어 자주 마을을 습격해 와 골머리를 알고 있다고 하였다. 마지막으로 월정리 동쪽에 행원리에는 200여 호가 살며 입산 공비가 1명이고, 김녕리에서 약 7km 떨어진 약간 먼 곳에 위치하고 있어 단속하기가 힘들다고 대략 설명하였고, 김녕리를 제외한 나머지 4개 위성 마을을 관장하면 된다고 보고하였다.

첫 공비 습격

서청대장은 어제 김녕지서장으로부터 관할 지역에 대한 현황을 듣고 여러 가지 작전계획을 세워봤다. 1, 2소대는 동복리와 덕천리를, 3소대는 월정리와 행원리를 담당케 하고 당장 오늘부터 각 소대장에게 담당 지역을 분담시켰다. 전담된 지역에서의 주도권을 확실히 확보하고 있어야 자신들의 입지를 지킬 수 있다고 생각하고 우선 입산 공비의 가족들과 친인척들에 대한 내사와 내통 여부와 식량 제공 등에 대해 조사에 들어갔다. 특히 언제 습격해 올지 모르니까 사전에 대책을 세우도록 지시하였다.

서청대장은 동복리에서 자주 발생하는 입산 폭도들의 습격과 덕천리가 중산간 마을이 되어 특별 관리를 해야 할 것인지 신경을 써야겠다고 생각했다. 일단은 두 마을을 빨갱이 소굴이라고 전제하고 강력히 대처해 나가라고 지시하였다. 월정리에도 며칠 전에 습격하여 공회당을 불태워졌다고 하니 입산 공비 가족과 친인척에 대해 내사에 즉각 들어가라고 지시하였다. 월정리 주둔지에서 첫날을 맞이하는 서청대장은 단호한 소탕 작전을 구상하면서, 지금까지 습격만 당해왔던 소극적인 작전에서 벗어나 선재 공격하는 적극적인 토벌 작전으로 전환해야겠다고 자기 나름대로 작전을 세웠다.

월정리에 서청토벌대가 주둔하게 되었고 좀 습격이 뜸하겠지 하고 있던 차에 달뜨는 밤이 왔고, 약속이 되었듯이 구름 낀 달밤이 되었다. 박 이장도 이제는 서청토벌대가 주둔하고 있으니 입산 공비들의 습격도 덜하겠지 하고 있는 참이었다. 그런데 월정리 서쪽 동내(서동 : 西洞)에 공비들이 습격해 왔다고 연락이 왔다. 서청특별대가 주둔해 있는 학교와는 거리가 먼 곳이었다.

공비들이 서청 토벌대가 주둔해 있는 학교와 먼 곳을 택하여 조용히 식량만을 탈취하고 갈 계획으로 5명이 소규모로 습격해 왔다. 박 이장은 동내 사람들로부터 연락을 받는 즉시 서청토벌대에 달려갔다. 서청토벌대에서는 박 이장에게 습격해오는 길목이 어디쯤이냐고 묻자 만장굴 가는 길목이라고 말해 주었다. 토벌대는 1소대 병력을 보내 길목을 차단하려고 몰래 잠적하기로 하였다. 길목을 차단하기 위해 조용히 구보했다.

길목에 들어서자 말자 인기척이 나자 수상타 하여 소리가 나는 곳으로 집중적으로 사격을 퍼부었다. 잠시 후 조용해지자 그 곳으로 전진해 갔는데, 두 사람의 사체가 쓰러져 있었다. 나머지 사람들은 도망쳤고, 공비 두 사람이 사살된 것이었다.

서청토벌대는 그길로 습격해 왔던 동네 조사에 나섰다. 이번 습격은 5명의 소규모 습격이었다고 하며, 식량만 세 집에서 털렸고 인명 피해는 없는 것으로 조사되었다. 박 이장은 이미 이곳에 와 있었고 "큰 피해가 없어 다행입니다. 다시 습격해 오면 이번처럼 먼 김녕지서까지 가지 않고 가까운 서청토벌대에 연락하면 큰 피해를 막을 수 있겠습니다."고 말하였다. 그리고 토벌대가 만장굴 가는 길목에서 입산 공비를 사살했다고 하니 마을 사람들이 사체를 수습하겠다고 말하였다.

서청대장은 출격했던 소대장으로부터 공비 사살 경위를 보고 받고 우리가 주둔하자마자 첫 번째 성과를 냈다고 만족하였다. 그리고 나서 서청대장은 소대장에게 이번 일을 경험삼아 월정리와 행원리에서도 공비가 습격해오는 길목을 미리 탐지해 두었다가 공격 하는 것이 효과적인 작전이 되겠다고 이에 대해 사전에 준비하라고 지시하였다.

서청대장이 이번 공비 습격을 분석해 보니, 지금까지 습격해 왔던 습격에 비하여 현격히 규모를 축소했으며, 서청대 주

둔 지역(학교)과 먼 지역을 선택한 것을 보면 미리 서청토벌대
가 주둔되었다는 정보를 알아내고 있는 것으로 보아 누군가
정보를 제공하는 내통자가 있다고 생각하였다. 그래서 내통
자 색출에 심도 있게 내사해야 되겠다고 자신의 생각을 말하
고 박 이장을 통하여 심혈을 기울여 짐작되는 사람을 대대적
으로 색출해야 할 것이니 협조하라고 당부하였다. 그리고 같
이 있는 소대장들에게도 속히 색출해내지 못하면 우리의 동태
를 속속들이 알고서 대대적인 습격을 감행해 오면 우리가 감
당 못 할 지경에 빠질 우려가 있으니 대대적으로 색출에 나서
라고 명령하였다.

불온서적 나오다

　서청토벌대가 월정리 중앙초등학교에 주둔하고 있는 가운데 대원 한 사람이 여유 시간에 교무실 도서 진열장의 책들을 들여다보는 중 눈에 띄는 책이 있어 얼른 앞장을 읽어보니 불온서적이었다. 이상하다 싶어 의심이 되자 학교 교사들 중에 불순자가 있지 않을까 하고 이 사실을 소대장에게 보고하였다. 소대장은 즉시 서청대장에게 보고하여 학교 교사들의 자택을 가택 수사 하겠다고 보고 하자 서청대장은 즉석에서 쾌히 승낙하였다.

　서청대장은 즉시 교장선생에게 사실 내용에 대한 이야기를 하고 학교 교무실 도서 진열장과 교사들의 집을 가택 수사 하도록 지시해 놓았으니 교장선생님도 협조를 부탁드린다고 하였다. 교장선생은 큰일이 났다하고 '있어서도 안 되는 일이고 왜 이런 일이 발생했지?'하고 괴로워하며, 앞으로의 진행 상황을 지켜볼 수밖에 없다고 침묵하게 되었다. 서청대에서는 우선 교무실 도서 진열장의 책들을 일일이 찾아보았고, 전 교사들의 책상, 서랍 및 가택 수사에 돌입했다. 가택 수사는 삼일이 걸렸고 의심이 되는 책 수십 권을 추려내어 서청대에 갖고 왔다. 그리고는 해독력이 있는 대원들에게 검열하도록 지시하였다. 도서 검열에 며칠이 걸렸고 엄선하여 불온서적만을 추려보니 다섯 권이 되었고, 네 사람의 교사가 가려졌다.

이렇게 도서 검열의 결과가 나오자 소대장은 서청대장에게 보고하고 해당자를 소환하여 수사해야 되겠다고 하였다. 보고받은 서청대장은 그렇게 하라고 승낙하고 지금 교장선생을 만나서 이러한 사실을 말하겠다고 하였다. 서청대장은 교장선생을 찾아가서 "가택 수사를 한 결과 4명의 교사가 관련되어 있는 것으로 확인되었고 교장선생님 입장이 안 되었지만 대국적인 관점에서 볼 때 만부득이 소환하고 내사에 들어가야 되겠습니다."고 하였다. 교장선생은 머리를 들지 못하고 "그런 일이 발생하여 죄송하게 생각합니다. 저(교장)로서도 어떻게 해야 할지 모르겠으며 사실로 밝혀지면 응분의 벌을 받아야 하지 않겠습니까?"하는 원론적인 답변을 하였다. 서청대장이 "그러면 내일부터 소환에 들어가게 됩니다."하고 양해를 구한 다음 방을 나왔다.

수사 담당관은 판별 지식과 능력 있는 사람들로 지정하였고 교사 한 사람씩을 배당하였다. 해당 교사들이 소환되어 수사가 시작되면서 고문까지 이어지자, 교사들은 사상에 물든 것이 아니며 남에게서 받은 책이라고 하였다. 그러면 건네 준 사람이 누구냐 하자 두 사람은 입산 공비 월정 출신 한기평(가명)에게 받았다 하였고 두 사람은 누구에게서 받았는지 기억이 안 난다고 하였다.

수사는 일단 끝나가고 더 진전이 없자 고문이 시작되었는데, 기초 고문부터 시작하여 점점 강도가 높아졌다. 고문에 강약이 겸해졌고 고백을 하지 않거나 허위자백을 하던지 계속되는 고문에 견디기 힘들어 서청대 고문에서 살아 돌아갈 방법이 없었다. 서청대의 고문은 전기 고문, 물 고문 등 형용키 힘든 고문 기술이 다 동원되어 악랄 하다고 소문나 있었다. 고문이 진행되자 교사들의 체력은 한계선에 다다랐고, 고통을 참아낼 기력도 상실되었다.

면회도 사절되어 교장선생이나 가족에게도 면회가 일절 허용이 되지 않았다. 강도 높은 고문의 진행에도 결과가 없는 가운데, 체력 한계를 고려하여 며칠을 쉬었다. 소대장은 고문 담당관에게 네 사람을 똑같이 취급하지 말고 경중을 가려내는데 신경을 써서 누가 보아도 인정받도록 해야 되겠다고 하며 며칠 후 다시 고문하라고 고문 담당관에게 지시하였다. 체력이 좀 회복되자 다시 고문이 시작되었고 월정 출신 입산 공비에게서 책을 받았다고 한 두 사람과 누구에게서 받았는지 기억이 안 난다는 두 사람으로 나누어졌다. 그리고는 더 이상 경중을 가려낼 수 없다고 판단되어 소대장이 판단하도록 결정권이 넘겨졌고 고문을 끝냈다.

처참한 교사 처형

소대장은 고문을 끝내고 '결단을 내려야겠다.'하고 책을 준 사람을 말한 두 사람은 고백했으니까 경범자로 인정해주고, 책을 준 사람을 기억하지 못한다고 하는 사람은 공비나 관련자를 숨기고 있다고 판단하여 중죄인으로 확정지었다. 이제 남은 일은 어떻게 처단하느냐 하는 처형 방법과 장소 등에 대한 결정이었다. 우선 총살이냐 아니면 죽창 사살이냐, 죽창 사살은 누가 하느냐에 하는 것이었고, 장소 결정은 박 이장과 상의해 볼 작정이었다.

소대장은 혼자의 판단보다 고문 담당관 네 사람을 불러 의사타진을 해보기로 하였다. "책을 준 사람을 밝히지 않은 사람들을 처형하겠다. 처형하는 방법으로 총살이냐 아니면 죽창 사살이냐 두 가지 방법이 있으니 의견이 어떠냐?"하고 물었다. 그러자 모두가 이구동성으로 죽창으로 사살해야 하고 처참한 처형을 보여야 마을 사람들에게 경각심을 보이는 효과가 있다고 의견의 일치를 보였다. 소대장은 "그렇다면 좋다." 그렇게 하기로 결정하고 박 이장을 찾았다.

박 이장은 마침 집에 있었다. "소대장님 어쩐 일입니까?"하고 인사를 건넨다. 소대장이 "수일 내에 죄인을 사살할 일이 있는데 학교에서 할 수는 없고, 마을 밖에서 집행할만한 장소를 알려주십시오!"하였다. 박 이장은 잠시 생각하다가 "마을 밖에 '물물개'가 있는데 거기는 마소(말과 소)를 물 먹이는 곳이기도 하니 좋은 장소입니다."고 하였다. "그러면 거기로 정하겠습니다."하고 돌아온 소대장은 일련의 진행 사항을 서청대장에게 보고하고 사형 집행을 매듭지으려고 했다.

서청대장실에 찾아간 소대장은 네 사람 교사들에 대한 수사 고문을 끝내고 확정된 내용을 보고 하였다. "고백을 하지 않고 있는 두 사람을 중죄인으로 확정하였고, 두 사람은 월정리 출신 입산 공비 한기평(가명)에게서 받았다고 고백하였기 때문에 경범 처리키로 하였습니다. 중범자를 처형하는 데는 죽창으로 살해하기로 하였고, 본 보기로 나머지 두 교사가 처형하기로 하였습니다. 그리고 장소는 박 이장에게 물어봤더니 마을 밖에 있는 속칭 '물물개'란 곳이 있는데 마소를 물 먹이는 곳이 있어 그 곳으로 하기로 하였습니다."하고 보고하였다. 소대장의 보고 내용을 다 들은 서청대장은 그렇게 하라하고 처형일도 소대장이 알라서 하되 속히 결행하라고 하였다. 그리고 앞으로 월정리와 행원리의 내통자에 대한 내사도 산적해 있으니 진행에 속도를 내라고 하자 "그러면 속히 진행하겠습니다."하고 서청대장실을 나왔다.

소대장은 자기자리에 돌아오자 집행 일시를 모레 월요일 날로, 시간은 오후로 잠정 정해 놓았다. 그리고 소대원 한사람을 불러 집행에 필요한 피살자를 세울 십자 처형대와 빈 가마니 두 장을 준비하라고 지시했다. 소대장은 분대장들을 불러놓고 월요일 오후에 범법자 2명에 대한 사형 집행할 것을 지시했다. 사형 집행할 월요일이 다가왔고 처형장(몰몰개) 현장에 가서 피살자를 세울 처형대를 두 곳에 세워두라고 지시해 두었다.

사형집행 시간이 가까워지자 사살대상자와 죽창을 가진 집행자들을 각각 딴 차에 태웠다. 사살대상자들은 몸이 성한 데가 없고 걸음도 정상이 아니었다. 잠시 후 처형장 현장에 도착하였다. 우선 사살대상자 두 사람을 십자 처형대에 등을 기대게 하여 세워졌고 고개를 땅에 숙이도록 하였다. 그리고 5m 앞에 두 사람의 집행자가 죽창을 갖고 서 있도록 하였다. 소대장이 집행 감독을 하고 주위에 소대원들이 줄지어 서 있었다. 그때 방목했던 말 때들이 물을 먹으려고 찾아 왔다. 소대장이 총을 몇 방 "탕, 탕, 탕, 탕"하고 하늘을 향하여 쏘자 말들이 혼비백산하여 도망쳤고, 모여 있는 사람들은 부동의 자세를 유지하였다.

저녁 태양은 벌써 서해를 향하고 있었다. 잠시 후 소대장이 앞으로 나서면서 권총으로 "탕"하고 하늘을 향해 쏘았다. 총구에서 연기가 사라져가자 "돌격"하고 구령을 내렸다. 사형 집행자 두 사람은 기력을 다하여 "야!"하고 세워진 두 교사를 향하여 죽창을 찔렀다. 그러나 처형자 역할을 맡은 두 교사도 고문으로 소진된 체력으로 죽창을 여러 번 찔러도 제구실을 못하였다. 결국 소대장이 앞으로 나와 두 사람에게 소총을 주어 쏘라고 명령하자 "탕, 탕, 탕, 탕"하고 총구에서 불이 뿜어졌고 결국 두 사람의 처형이 완료되었다. 두 사체 위로 빈 가마니가 덮어졌다.

대대적인 공비 습격

서청대장은 월정리에서 입산 공비와의 내통자 색출 작전에 열을 올리기 시작했다. 입산공비들로부터의 습격이 계속되었고 서청토벌대가 주둔하고 있는 것도 이미 알고 있는 것을 보면 멀지 않아 대대적인 습격이 있을 것이라고 판단하여 내사 활동을 전개하기로 방침을 세웠다. 박 이장을 앞세우고 입산 공비들이 친인척과 학교 교사들에게까지 발을 뻗치고 있는 불온서적 사건과 관련해서도 내사에 들어갔으며, 살생부를 확보하는 등 심도 있게 조사하기 시작했다.

월정리 내통자에 대한 내사가 진행이 되고 있는 가운데 입산 공비 40여 명이 대대적으로 지금까지 주로 달밤에 습격해 오던 방법을 바꾸어서 달 없는 밤에 습격해 왔다. 이번에도 저번 습격 때처럼 서청특별대가 주둔한 학교에서 먼 서동(西洞)을 습격하였다. 동내 마을 사람들이 서청에 연락을 못 하도록 길목에 매복하여 차단해놓고 10여 호에서 식량을 탈취하였다. 마을 사람 중에 식량을 미리 감추지 못한 곳에서 많은 식량을 탈취하는 것이 거의 끝나 철수하는 시간에야 공비가 습격해 왔다는 연락이 박 이장에 왔다. 박 이장이 서청대에 달려갔고, 연락을 받은 서청토벌대가 급히 습격 길목으로 긴급 출동하였으나 이미 공비들이 탈출한 후였다.

이렇게 허를 찔리고 말았다. 습격당한 보고를 들은 서청대장의 안색이 험악해졌고, 화가 가라앉지 않자 부대 안의 분위기가 살벌해졌다. 소대장들을 집합해 놓고 서청대장은 우리가 너무 방심한 탓이며, 내통자 색출을 보다 강도 높게 하고 습격이 왔을 때 왜 연락이 늦어졌는지도 알아보고 대책을 강구하라고 지시하였다. 날이 밝자 어제 밤 서동(西洞)에서 습격당한 집의 피해 상황을 조사하였다. 또한 연락이 지연된 원인도 파악해보니 습격 폭도들이 길목에 잠복하여 차단시켰다는 것이 파악되었다. 그리고 식량도 10여 호에서 많이 털렸지만 인명 피해는 적었다며 식량 탈취 과정에서 불응하는 사람을 사살했는데 3명이 사살된 것으로 조사되었다.

이에 따라 연락 방법에 대한 대책으로 서동(西洞)은 주둔지하고 먼 곳이기 때문에 매일 잠복근무를 지시해 놓았고, 주간에도 수시로 순찰하도록 조치되었다. 그리고 내통자 색출도 강도 높게 진행되었다. 또한 행원리와 인접한 동동(東洞)도 주 둔지와 거리가 먼 곳이기에 취약지가 되어 그 쪽에도 잠복해 야 될 것으로 판단되어 경계근무를 보다 강화하는 것으로 대 처하게 되었다. 앞으로 폭도들의 공격이 심해질 것으로 예상 되어 이에 대응하기로 하였고, 행원리 이장을 불러 연락 대책 을 강구해 가기로 하였다. 이렇게 모든 작전을 재정비하였고 긴장을 풀지 말고 초비상 상태를 유지하기로 하였다.

해녀와 돌팔매질

　대대적인 습격이 있은 후 초비상 상태에 돌입한 서청대원들은 주간에도 마을에 들어가 내통자 동향 파악에 열을 올리기 시작했는데, 특히 습격이 자주 발생하는 서동(西洞)에 집중하였다. 두 사람이 일조가 된 순찰자들이 바닷가에 여러 사람들이 모여 있는 곳에서 연기가 나고 두런두런 말소리가 들리자 무슨 일을 하는지 의심이 되었다. 바닷가로 가까이 내려가 보니 평복이 아니라 몸에 찰싹 붙는 해수욕복 같은 옷을 입은 여성들이었고 순찰대원들은 처음 보는 모습이라 호기심을 갖게 되었다.

　해녀들이라는 것도 모르고 돌을 주워들고 '불턱'(해녀들이 물질이 끝나서 모여 앉아 나뭇가지에 불을 태워 언 몸을 쪼이며 복덕방처럼 마을 돌아가는 일이나 세상 살아가는 일과 전복, 소라 캐는 일 등을 이야기하는 곳으로 돌담으로 둘러싸 북서풍 바람을 막도록 만들어 놓은 곳)으로 돌을 던지기 시작하자 이번에는 해녀들도 주위에서 돌을 주어 즉시 응전에 들어갔다. 이 사람 저 사람이 던지기 시작하자 석전(石戰) 돌팔매질로 확전되었다. "이놈들아 왜 여기에 왔느냐?"하고 "여기는 금남(禁男)의 지역이다."하며 총을 맨 군인들이었지만 무서움 없이 덤벼들기 시작한지 수십 분이 지속되었다. 군인들도 자존심 있어서 물러나지 않았고 해녀들도 질세라 하고 열을 올려 주위에서 돌맹이(제주 방언, 주먹 크기의 돌)를 주워주는 사람, 던지는 사람들로 투석전(投石戰)에 열을 올렸다. 제주 해녀들의 자존심이 발동하여 이번에는 잠수복을 입은 채 여럿이 한꺼번에 집중적으로 돌을 던지기 시작하였다. 해녀들은 바닷가에 있는 많은 돌맹이 실탄이 풍부하였기 때문에 걱정이 없었고, 군인들은 여기저기 흩어져 있는 돌맹이를 주워다 돌팔매를 해야 하기 때문에 도저히 이겨낼 방법이 없자 우리가 졌다 하고 자존심을 팽개치고 후퇴하고 말았다.

한 시간 정도 지속된 투석전은 종결되었고, "우리가 이겼다."하고 해녀들은 돌 던지기에 열을 올렸던 덕에 불을 안 쬐여도 언 몸이 풀렸다. 해녀 한 사람이 "아까 군인들이 나중에 우리들에게 해코지를 하지 않을까?"하고 걱정하자 "차마 그럴까?그 사람들이 먼저 저지른 일인데?"하고 아무도 신경 쓰지 않았다. 잠시 후 다시 바다는 해녀들을 불렀다. 한 사람, 두 사람 바다로 의기양양하게 향하였다. 이번에는 물에 들어가서 전복이나 소라를 많이 잡으면 서청대원들을 위로하기 위해 선물해 볼까 하고 선심 쓸 생각을 가지며 물질을 하였다. 잠시 후 "호-이"하는 순비(물질로 참은 숨을 몰아쉬는) 소리가 애처롭게 바다 위에 퍼진다.

　시간이 해녀들을 물 밖으로 몰아내었고, 오늘 작업을 마무리하고는 결국 해녀들이 선물할 전복과 소라를 구덕에 그득 담고 주둔지 학교를 향했다. 이렇게 하여 여러 해녀들은 전복과 소라를 담은 구덕을 짊어지고 학교 정문으로 들어섰다. 수위실에서 해녀들이 "오늘 우리 해녀들이 물질하여 잡아낸 전복과 소라, 문어를 수고하는 군인들에게 선물하려고 갖고 왔다."고 하자 수위는 잠깐 기다려 주라고 한다. 잠시 후 들어와도 좋다고 하였고, 바닷물에 띄우는 태왁은 수위실 옆에 내려놓고 전복을 담은 구덕들을 들고 교실 앞까지 들어갔다.

　소대장이 나와 "해녀님들 고맙습니다. 추운 바닷물 속에서 귀한 전복, 소라를 잡고 선물해 주어서 감사합니다."하고 얼른 취사병을 불렀다. 취사병이 오자 이렇게 귀한 해산물을 선사하였으니 얼른 받으라고 지시하였다. 취사병이 갖고 온 그릇 여러 개에 소라 등을 받으면서 "소라는 어떻게 작업하면 됩니까?"하고 물었다. "소라를 솥에 놓고, 물을 소라높이까지 부어서 삶으면 안의 알맹이가 쉽게 꺼낼 수 있습니다."고 해녀들이 설명하였다. 이에 소대장이 "고맙습니다. 잘 먹겠습니다." 하고 사례 인사를 하였다.

이에 상군 해녀가 소대장에게 "일찍이 바닷가에서 해녀들이 불을 쬐는 '불턱'에서 두 사람의 군인들하고 일시 돌팔매질을 하였는데 그 군인들에게 미안했습니다. '불턱'에서 불 쬐는 해녀들을 처음 보고 하는 일이라 생각되어 오해를 풀어야 하겠습니다."하자 소대장은 "해녀님들 걱정하지 마십시오. 그런 일은 걱정하지 마시고 우리들은 마을을 지켜드리러 왔으니 그 일로 오해를 사지 않겠습니다."하고 서로 감사해하면서 헤어졌다. 수위실에 당도하자 마침 돌팔매질을 벌였던 군인들이 돌아오다가 마주쳤고 한 해녀가 "아까 군인들이다."라고 하자 다들 "맞다, 맞다."하고 웅성거리자 군인들은 빙그레 웃으며 인사를 하였다.

내통자 처형

서청특별대가 그동안 계속 진행해 온 입산 공비들과의 내통자에 대한 집중적인 내사에서 큰 성과를 못 올리자 박 이장의 협조를 받았다. 입산 공비의 친인척에 대한 명단 확보와 과거부터 친분 관계인에게까지 내사를 심도 있게 진행하고 보니 일본 조련계까지 연결되었다. 조사 대상인의 범위가 확대되어 확정된 인원수만도 약 50여 명에 이르렀고 경중을 가리는 데 시간이 꽤 걸렸다. 이렇게 되자 내통자 내사 전담자를 별도로 지정하고 집중적으로 극비에 진행시킨 결과 30여 명대로 1차 명단이 확정지어졌고, 조사는 시간이 들더라도 철저하게 진행되었다.

오랜 기간에 걸쳐 내사한 결과 20명 안으로 좁혀지자 이들을 소환하여 강도 높게 고문에 들어갔다. 서청대장은 담당관을 불러 중간보고를 받았다. 치밀한 내사 결과 10명 내외로 진범이 확정되면 처형 절차를 밟으라고 지시하였다. 지시를 받은 담당관은 할 수 없이 고문을 강도 높게 진행해 가며 진범을 추려낼 수밖에 없다고 판단하였다. 일단 고문에 들어가면 단시일 내로 결말내기는 한다. 주로 젊은이들을 대상으로 잡았고 노인들은 가능한 한 대상에서 제외시켰다. 매일같이 강도 높은 고문이 계속되었다. 그러나 고문을 당하면서도 자백하는 사람은 안 나왔다.

그런데 일단 잡혀 갔다 하면 고문에서 살아날 사람이 없다 하는데, 잡혀 간 집에서는 걱정이 태산이었다. 입산 공비들 때문에 무고한 사람들이 많이 희생될 것은 뻔한 일이고 누구에게 물어 볼 수도 없어 살아서 돌아오기만을 바랄 뿐이었다. 계엄령 하에서 즉결 처형권을 가진 막강한 권력자 서청대에서는 사람 하나 죽이는 것이 파리하나 죽임만 못하다고 할 만큼 생과 사의 갈림길에서 고문 담당자의 결정에 의해 이승과 저승이 판가름 지어질 따름이었다. 이렇게 많은 양민들이 이슬로 사라져도 누구 하나 저항 못 했다. 그대로 받아들이는 수밖에 없었고, 원망할 곳 없이 험악한 시국이 끝나길 바랄 수밖에 없는 세상이었다.

형식적인 악랄한 고문 과정을 거치면서 내통자는 최종적으로 10명으로 확정지어졌고 이들은 거의 반죽음 상태였다. 담당관은 확정된 10명의 명단을 서청대장에게 보고하였다. 보고받은 대장은 하루라도 속히 처형을 집행해서 내통자를 없애는 것이 효과가 있다고 판단하였다. 소대장을 불러 확정된 10명의 집행자 명단을 주면서 빠른 시일 내에 사형 집행을 하도록 지시하였다. 지시를 받은 소대장은 사형 집행 계획을 세우고 처형장과 날짜를 확정한 다음 집행 계획을 보고했다. "내일 저녁 늦은 시간에 저번 처형장 '몰물개'에서 집행하겠습니다."하였다.

서청대장의 허락을 득한 소대장은 다음날 소대원을 집합시킨 후 밤 10시에 형을 집행할 것이니 현장에 가서 미리 준비하고 지정된 처형대상자들은 사전에 준비해 놓으라고 지시하였다. 시간이 되자 10명의 죄수들이 모두 차에 태워졌고 현장으로 이동했다. 현장에 도착하자 처형대상자, 피격자를 각기 줄에 맞춰 서도록 하였다. 잠시 후 "사격 준비"하고 구령이 내려지고 다시 "사격"하는 명령이 떨어졌다. "탕, 탕, 탕, 탕, 탕, 탕"하고 총구에서 불이 뿜어졌고, 사살된 사람들이 바닥으로 쓰러졌다.소대장이 사체 확인을 끝내고 덮어주라고 하자 미리 준비 해 온 빈 가마니를 시체 위에 한 장씩 덮는다.

어제 낮 지붕 위에서 까마귀가 "까악, 까악"울기도 하고 어느 집에서 밤 꿈에 주인이 말을 타고 집을 나가는 꿈 등으로 이미 예상들을 하고 있던 가족들이 잠을 설치고 있던 차에 "탕, 탕, 탕, 탕"하는 여러 번의 총소리에 집을 나섰다. 가족들은 짐작하던 일이 왔구나 하고 주섬주섬 옷을 입고는 초롱불을 챙기고 '몰물개'로 향했다. 현장에는 이제 막 온 사람 뒤에 오는 사람들이 분주히 자기 식구를 찾으려 초롱불을 비추며 사체 주위를 분주히 움직이고 있었다. 심한 고문을 받아서인지 얼굴을 얼른 알아보기가 힘들어서 시간이 좀 걸렸으나 모두 찾아내어 시체 수습을 하고 집으로 돌아갔다. 시체 수습에 분주했던 '몰물개'자리는 어둠을 조용히 맞이한다.

여름 제삿집과 부대원의 외출

옛날 콜레라 전염병으로 돌아간 조상으로 인한 제삿집이 여름에 많았는데, 월정리도 예외는 아니었다. 제삿집마다 불을 켜고 밤늦게까지 제사를 지냈다. 서청대 순찰병들은 불을 켜고 제사 지내는 집들을 이 집 기우뚱 저 집 기우뚱 하고 여러 집을 방문하기도 하였는데, 간혹 어떤 집에서는 대접받기도 하였다.

입산 공비들도 며칠간 조용했는데 여름철이면 제삿집이 많이 있는 줄 알고 있지만 서청토벌대가 주둔해와 있었기 때문이었다. 습격해도 식량을 많이 탈취하지도 못하여 활동이 둔해졌으나 작전을 바꿔 달밤을 가리지 않고 습격하였다. 지금까지는 서청주둔지와 먼 서동(西洞)을 대상으로 습격을 했었는데 이웃마을 행원리와 인접해 있는 동동(東洞) 해변가도 위험범위에 포함되었다.

서청 순찰대원들은 집마다 제사 지내는 집을 돌아보면서 자기 집에서 제사 때 느꼈던 고향 정서에 잠길 때도 있었고 마음이 느슨해지기도 하였다. 젊은 여자들을 보면 얼굴을 멍하니 쳐다보기도 하였다. 부대 안에만 있으면 이런 저런 생각을 가져 볼 틈도 없지만 마을 안에 들어가 마을 사람들이 생활하는 것을 보면 머리가 산만해지고 남성적인 본능이 발동되었다. 자주 순찰 나가고 싶어지면서 순찰 나가면 우선 젊은 여성에게 시선을 던지고 더 발전하여 사귀고 싶은 감정이 생기기도 하였다. 더 나아가 짝사랑 하는 지경까지 발전하기도 하였다. 다른 순찰대에서는 부녀자를 성희롱하는 일이 발생하였고, 더 나아가 겁탈까지도 자행하는 일이 벌어졌다. 일부는 상급자도 알고 있으나 모른 척하고 넘겨 버렸다. 특히 입산 공비들에게 내통했었다고 지목했던 집에도 침투하였는데 이런 집에서는 반항하면 큰 코 다칠까 염려하여 호신을 위해서 마음을 여는 여성들도 있었다.

　남성과 여성 간의 관계는 급속히 벌어졌고 부대원들의 외출도 점점 늘어만 갔다. 짝사랑으로만 머물러 있는 사람은 혼자서 속앓이 하고 활기가 없었다. 그러나 짝사랑도 없는 사람은 성희롱으로 재미를 돌리고 한계를 벗어난 부대원은 부녀자를 겁탈하는 지경에 이르렀다. 이러한 일들이 크게 번져가는 것을 눈치 챈 소대장은 기강이 많이 해이되었다 보고 외출을 전면 통제하였고 순찰반도 싹 바꿔치기했다. 이렇게 되자 당분간 잠잠해졌고 사병들은 상급자 눈치 보느라 신경을 썼다.

한 달여 정도 좀 조용해지자 소대장은 너무 통제하는 것도 사기에 문제가 있을 것이라 생각하고 이번에는 외출 할당제를 택하여 한 사람이 2주에 한 번씩만 외출을 허용하기로 하였다. 그러나 돌발적인 성희롱과 겁탈은 어느 순간에 저질러지는 일이라 단속하기 힘들어 했다. 소대장은 항상 대원들의 이동 상태를 파악해 가면서 순찰과 외출을 연계하여 민심 동태를 파악하는 것도 한 가지 방법이 되지 않겠나 하고 상황을 보아가면서 외출을 늘려가되 탈선만 잘 관리하면 좋은 결과를 갖고 올 것 같다고 생각하였다.

점차 외출을 늘려 가니까 대원들의 사기가 좀 살아나기 시작했고, 정보도 얻어내는 기회를 가지게 되었다. 외출한 다음 날이면 얼굴에 환한 기색이 돌고 근무 능력도 향상되어가는 느낌도 받았다. 그러나 도가 넘치면 화가 될 것을 신경 쓰는 소대장이었다. 활기가 있어 보이는 대원 한 사람을 불러 며칠 전 공비 내통자 형 집행한 것에 대한 민심을 좀 파악해 보라고 했더니 대원 이야기가 "솔직히 말해서 안 좋습니다."하고 답한다. 소대장은 민심이 어느 쪽이냐에 따라 치안도 같이 따라

가야 한다는 것을 느끼게 된 것은 큰 소득이라 생각하였다. 그래서 앞으로 민심 동향을 잘 파악해서 작전을 펴야 한다고 생각하게 되어 부대원들의 외출을 긍정적으로 활용하기로 하였다. 그리고 관리만 잘하면 대원들의 사기도 높이고, 정보도 얻어내고 민심 동향도 알 수 있는 1석 3조의 효과가 있다고 하여 앞으로 외출을 적극 권장하기로 하였다. 이렇게 되자 어느 때보다 대원들의 사기는 좋아졌고 정보를 많이 얻어 민심 동향을 속속들이 파악하게 되었다.

습격 작전 변경

　그동안 뜸했던 공비폭도들이 이번에는 작전을 바꿔 캄캄한 늦은 시간에 습격해 왔다. 습격장소도 정반대 쪽이고 한산한 동내 바닷가 동동(東洞)이었다. 이웃 행원리와 근접한 곳이었는데, 20여 명이 대대적인 습격을 감행해 왔다. 동내 사람으로부터 박 이장에게 연락이 왔다. 박 이장은 연락받는 즉시 서청대에 달려갔다. 하지만 이번에 습격한 곳은 길목을 차단하기가 힘든 곳이어서 연락은 속히 이뤄졌으나 도망칠 길목을 차단하기가 어려운 곳이었다.

　"공비 폭도들의 습격은 이번엔 바닷가 동동(東洞)입니다. 도망칠 길목이 만장굴 쪽이 아니라 행원리 쪽이 됩니다."하며 약 20여 명이 습격해왔다고 보고하였다. 2개 소대가 즉시 출동했다. 행원리 쪽 길이라 공비들이 철수할 것으로 보이는 길목에 잠복하는 것은 포기하고 습격해 온 현장으로 직행했다. 이미 습격이 많이 진행된 것 같아 보였고, 길 양편으로 인근에 잠복하였다. 습격 공비들도 양쪽으로 편성되어 있는 것 같았다. 이미 한쪽에서는 식량 탈취를 끝내고 도망 중이었고, 한쪽은 식량 털기가 한창인 것 같아 보였다. 한 집에서 저항하는 소리가 들리고 잠시 후 "탕, 탕, 탕, 탕"하고 총소리가 났다. 이에 부대원들이 출동하였고 이미 식량을 탈취해서 도망가는 쪽을 쫓아가서 총격전이 벌어졌다. 공비들은 앞에서는 접전하였고 뒤에서는 도망가기 바빴다. 접전이 계속되고 상황이 불리해지자 탈취한 식량 일부를 놓아두고 도망치기 시작했다. 서청대조차 쫓아가지 못할 정도로 도망치는 속도가 빨랐다. 결국 이날 공비 폭도들은 주민 2명을 살상하였고, 일부 탈취한 식량을 짊어지고 쏜살같이 도망쳐 버렸다.

일단 공비들의 습격은 끝났으나 서청대장은 공비 폭도들이 작전을 바꾼 것을 심각하게 생각하고 서청도 작전을 바꿔 공비들이 숨어살고 있는 은거지를 찾아 선제 공격해야 되겠다고 마음먹었다. 그러나 월정리, 행원리 담당 공비들만이 아니라 지원 부대가 있어 습격을 대대적으로 해오고 있다고 판단되어 거기까지 감당하기는 역부족이 될 것 같았다. 하여튼 간에 공비들의 소굴을 찾아내는 것이 시급하다고 생각하였다.

서청대장이 소대장들을 모아놓고 공비폭도들이 작전을 바꿔 습격해오고 있으니 우리도 작전을 속히 변경해야 되겠다고 하고 어떤 방법이 있겠는지 보고하라고 하였는데 속히 대안이 안 나왔다. 한 소대장이 가만히 있다가 "이번에는 이웃 행원리를 포함시켜 한꺼번에 작전을 짜야 할 것으로 판단됩니다." 고 하였다. 이를 받아들인 서청대장은 행원리에 3소대가 먼저 들어가서 어떻게 했으면 좋을지 작전 계획을 짜고 우선 행원리의 동태를 파악해 보라고 지시하였다. 이튿날 아침부터 3소대장은 행원리에 소대원들을 대동하고 우선 공회당을 찾아 강 이장(가명)을 만났다. 강 이장에게 "오늘부터 행원리에 대한 공비 폭도 소탕 대책을 세워 작전을 펴 나가겠습니다."하며 협조를 당부했다. "지금까지 습격해 온 횟수는 몇 회 됩니까?" 고 묻자 강 이장은 마을 습격이 2회이고 주로 식량을 탈취해 갔다고 하였다. 그리고 행원리 출신 입산 공비는 1명이며, 가족은 일본 교포들이고 친인척은 여러 명 있고, 인명 피해는 없었다고 보고하였다. 소대장은 앞으로 월정리와 행원리 양 마을을 동시에 대대적으로 습격해 올지도 모르겠으니 신속한 연락을 당부한다고 하고 돌아왔다.

3소대장은 서청대장에게 행원리를 다녀온 내용을 보고하고 앞으로 행원리에 대한 작전 계획을 세우겠다고 하였다. 이에 서청대장은 "앞으로 작전 계획을 수립하되 행원리 단독 계획을 수립하고, 월정리와 겹쳐지는 곳에 대하여 서로 협조해 가면서 작전을 펴나가면 된다."고 수정 지시를 내렸다. "내일부터 단독 계획 작전에 임하라!"고 하며, "행원리 입산 공비들의 습격 경로를 파악하여 숨어 사는 곳이 파악되면 즉시 보고하라!"고 추가로 지시하였다. 이에 3소대장은 "그러면 내일부터 전 소대원이 행원리에 매일 상주해 있으면서 지형과 행원리의 특수 사정 등을 파악하여 보고 하겠습니다."고 하고 대장실을 나왔다.

서청대장은 2소대장을 불러 이번 습격에 큰 피해가 없어 다행이고 공비가 습격해 오면 즉시 보고할 수 있는 체계를 세우라고 하였다. "이번처럼 원거리 한적한 곳을 습격해 올지 모르니까 그런 곳을 미리 파악해 대책을 세우라."고 지시하였다. 그리고 "이번에 내통자와 관련자 처형에 대하여도 민심 동향을 파악해 보라."고 하였다. 그리고 2소대장에게도 "시급한 것은 공비들이 숨어사는 곳을 찾아내어 선제공격을 해야 되니 은둔지를 찾아낼 방법이 있는지 찾아보라"고 지시를 내렸다. 2소대장은 "3소대의 이번 행원리에 대한 작전 진행을 살펴보면서 숨어 있는 곳을 찾아내는 방법이 나올지 모를 일이니 알아보겠습니다."하고 대장실을 나왔다.

앞으로 공비들이 작전을 변경해 가면서 습격해 올지 모르니 다각도로 대응해 가기로 한 것이었다.

다음 스토리는 월정리와 2km의 거리지만 바닷가를 접하고 있는 마을인 〈행원 마을과 4·3 편〉이 이어집니다.

행원 마을과 4·3

동백꽃은 4·3을 상징하며, 반딧불은 평화를 상징한다.

행원 마을과 4·3

　행원리는 구좌서부지역 6개 마을에서 가장 동쪽에 위치하고 있고 설촌 당시 살구나무가 많이 심어져 있는 밭이 있었다 하여 행원리(杏源里)라 이름 지어진 마을이다. 김녕리에서 동쪽으로 약 7km 떨어져있고 가구 수는 200여 호 정도이다. 생활여건은 반농(半農) 반어가(半漁家)로 구성되고 있으며 중학교, 우체국, 치안은 김녕리와 같이 하고 있었다. 토질은 서쪽마을에서 행원리까지만 농사짓기 좋은 사실 양토가 있어서 보리 재배가 가능하며, 행원리 이동은 화산 희토질로 되어 있어 보리 농사가 안 되는 곳이었다. 행원리는 포구가 좋아 어선이 많고 타 지역 어선들도 많이 기항해오는 마을이었다.

　1948년 4월 3일 4·3사건이 발발하자 행원리도 어김없이 그 흐름에 끼게 되었는데, 공비로 자진 입산한 행원리 출신으로는 이행선(가명)이가 있었다. 이행선(가명)의 가족들은 모두 일본에 있었고 조련계 교포였다. 그리고 조련계 교포들과 친인척들이 많이 있어 경찰과 서청 토벌대에서도 사찰 대상이 되고 있는 마을이었다. 서청 토벌대 3소대가 행원리를 담당하여 입산 공비에 대한 내사와 공비 폭도로부터의 습격에 대처하기 위해 내통자와 식량 지원 동조자 색출에 들어가게 되었다.

서청 토벌대 3소대장은 소대원을 매일 사찰에 동원시켰고 행원리 강 이장에게 지금까지 행원리 입산 공비와 친인척, 조련계 동포의 친인척에 대한 명단을 작성해서 제출하라고 하였다. 강 이장은 며칠 후 1차적으로 20명을 추려내어 서청대 소대장에 넘겼다. 소대장이 살생부 명단을 받고 가만히 살펴본 후 대상자가 이 사람들뿐이냐고 묻자 "이 명단은 조련계를 제외한 명단이며, 우선 여기에 살고 있는 사람부터 작성되었습니다."고 하였고, 조련계에 관계된 사람 명단은 다음에 작성해서 제출하겠다고 하였다. 그러자 3소대장은 강 이장에게 불만스러운 표정을 지우며 "좀 성의 있게 작성해 주십시오. 1차는 이 사람들에 대한 내사에 들어가겠으니 오래 끌지 말고 다음 2차 명단을 갖고 오기 바랍니다."고 하였다.

서청 3소대장은 행원 마을 공비 관련자 1차 명단을 수사관에게 넘기고는 매일 5명씩 소환하기 시작했다. 수사가 처음부터 강도 높게 진행되었다. 5명을 수사하는 데 3일 정도 걸렸으나 어느 한 사람 고백하는 사람이 없어, 할 수 없이 고문 담당관에게 넘겨졌고 다음 사람을 차례로 소환했다.

고문 담당관들이 점차 고문의 강도를 높여 갔지만 고백하는 사람이 한 사람도 안 나왔고 고문 담당관들도 고백하는 사람이 나와야 하는데 하고 표정이 굳어졌다. 수사와 고문이 순조롭게 진행되어야 하는데 수사와 고문이 덩달아 지연되어 갔다. 결국 3소대장은 수사관들과 고문 담당관들을 불러 수사 대상자가 많이 대기하고 있으니 속히 진행하라고 재촉했다. 이에 수사관들은 고백하는 사람이 안 나오더라도 3일만 지나면 수사를 종결하였다. 고문 담당관들은 조사대상자들이 고강도 고문에 시달려도 입을 안 열고 버티자 할 수 없이 미결자로 구분하고 다음 차례로 넘기면서 3소대장에게 통보했다. 3소대장은 1차 소환자에 대한 처리 문제를 놓고 고심 끝에 미결수로 있어도 그대로 내보낼 수는 없다고 생각되어 1차로 수사가 끝난 사람들을 시범적으로 처형해야만 되겠다고 생각하였다. 동복리와 덕천리의 사례에 비해서는 약과이며 과격한 처형이 아니라고 스스로 자위하면서 서청대장실을 찾아 행원리 내통자에 대하여 보고하였다.

내통자 1차 처형

3소대장이 "1차 20명에 대한 수사와 고문이 끝났습니다. 고백자는 없지만 대기하고 있는 내통자에 대한 수사도 밀려 있어 처형해야 되겠습니다."하고 보고하자 서청대장은 잠시 고민하다가 1차에서 중단할 수도 없는 일이고 보면 소대장이 제시한 결단을 허락할 수밖에 없다고 생각하여 그렇게 하라고 승낙하였다. "대신 처형장은 월정리에서 하지 말고 행원리 외곽에서 정하라."고 지시하였다.

처형 장소를 행원리 외곽에서 하도록 지시한 것은 타지 사람을 대리고 와서 월정리를 처형장으로 쓰고 있다는 민심 동요를 차단하고 사체 수습에서도 타 부락까지 와서 하게 하면 행원리 사람들에게서도 원성이 일 수 있겠다고 생각해서 내려진 명령이었다.

3소대장은 수사관들과 고문 담당자들을 만나 "수고들 많이

했다."고 하고 다음 2차 내통자 명단을 언제 갖고 오면 되겠냐
하고 물어봤다. 그러자 수사관들과 고문 담당자들은 이번 주
는 쉬고 다음 주 월요일부터 시작하자며 제안하였다. 이에 3
소대장은 "그럼 금주 안에 1차 조사자들을 처형하겠다."고 하
였다. 그리고 난 후 행원리로 가서 강 이장에게 2차 명단을 주
말까지 제시해달라고 통보하였다.

　강 이장은 "네, 알겠습니다."하고 대답했으나 또 큰일이 났다
하고 걱정이 태산이 되었다. 다시 잠들지 못하는 밤이 되었다.
등불을 켜고 탁자 앞에 앉았지만 시간만 흘러갔다. 버티기 어
려운 상황이 되자 결국 종이에 이름을 써넣기 시작했다. 이번
에는 입산 공비의 먼 친인척까지 한 사람 한 사람씩 이 잡듯이
써내도 20명을 채우기 힘들었다. 그리고 늙은 노인들과 어린
미성년자들을 빼어야 하기 때문에 얼른 이름도 생각이 안 났
다. 어쩔 수 없이 누구 아들, 누구 동생, 삼촌, 조카 등으로 겨
우 완성하고 나니 자정이 넘었다.

　강 이장은 이렇게 2차 명단을 확정짓고 이튿날 3소대장을
만났다. 소대장이 명단을 쳐다보고는 이름명이 없이 누구누구
의 아들, 동생이라고만 적혀있는 것에 고개를 갸우뚱하고 생
각해보니 이름을 모를 수도 있을 것이라 여겨졌다. 소환 담당
자들이 취급하기 괴롭지만 관련자 부모의 이름을 보고 소환할

수밖에 없다고 판단하였다. 3소대장은 해당 명단을 갖고 소대원들에게 이름을 내일 중으로 알아내라고 지시했다.

3소대장은 1차 소환자들의 처형장을 정하기 위해 강 이장에게 상의했다. 행원리 죄수를 딴 마을에서 처형하기가 안쓰럽고 시체 수습에도 문제가 있으니 행원리 외곽에 적당한 장소가 없겠는지 물어봤다. 강 이장은 잠간 머뭇거리다 행원리와 월정리 경계에 넓은 모래밭이 있으니 거기가 좋겠다고 하였다. 그러면 그 곳으로 처형장을 결정짓고 주말에 처형될 것이라고 미리 예고해 주었다. 강 이장은 1차 명단으로 제출된 사람들이 처형되는 게 틀림없겠다고 생각하니 그들의 얼굴이 눈에 어른거렸다. '참으로 이렇게 되다니'하고 속앓이를 하였다.

3소대장은 미리 처형장 예정지를 둘러보고 왔다. 그리고 주말이 가까워지자 소대원들을 시켜 처형 예정지에 가서 십자형틀을 열 곳에 세워 두라고 지시했다. 1차 소환자들의 처형 시간이 가까워지자 처형대상자들을 차에 태우기 위해 밖으로 끌어내었다. 처형대상자들이 고문에 시달려 걷기 힘들어 하자 소대원들이 양쪽 팔을 거들어 차에 태웠다. 처형 현장은 넓은 모래밭이 되어 하얀 모래가 어둠을 거부하고 있었다.

1차 처형대상자 10명을 일렬로 줄 세웠다. 현장에 세워진 처형대상자 앞에 마주하여 사격자들을 세웠다. "사격 준비"하

고 구령이 떨어지자 조준 사격 준비에 들어갔다. "사격"하는
구령이 떨어지자 "탕, 탕, 탕, 탕, 탕, 탕"하는 총성이 어두운
밤을 뚫고 퍼졌다. 총구에서 불과 연기가 뿜어졌고, 서있던 열
사람이 모래 바닥으로 쓰러졌다. 뒤이어 재차 사체 확인을 끝
낸 3소대장이 다음 열 사람을 십자형틀로 이동시켰다. 처음처
럼 간격을 두어 처형대상자를 정렬시키고 사격자 열 사람도
같은 방법으로 세워놓고 처형을 집행했다. "덮어"하는 명령에
사체 위에 빈 가마니가 한 장씩 덮어졌다. 마을에서는 깊은 심
야에 총소리가 나자 공비 폭도들의 습격인가 싶어 사람들이
강 이장에게 달려갔으나 이미 알고 있었던 강 이장은 사형집
행이라 하고 가족들에게 속히 사체 수습에 나가 보라고 하였
다. 이렇게 1차 처형의 밤이 흘러갔다.

내통자 2차 처형

　강 이장으로부터 받은 2차 혐의자 수사팀에서는 1차 때처럼 5명씩 소환을 시작했다. 내사가 심도 있게 진행되었는데도 친인척 관계가 먼 친척들이 많아서 내통자 색출이 쉽지 않았다. 계속되는 수사에서도 드러나는 범죄혐의자는 극소수에 그쳤다. 내통자 색출에 진척이 없자 어차피 고문 팀에서 가려질 수밖에 없겠다 하여 수사를 종결하고 다음 차례 5명씩에 대한 수사로 넘어갔다.

　2차 명단에 대한 수사가 2주째를 넘어 계속 진행되었고, 뚜렷이 지목되는 혐의자는 없는 상황이었다. 결국 통과 의뢰처럼 고문 팀에게 넘겨졌고 고문 팀에서는 강도 높게 고문을 진행시켰다. 고문이 계속되어가는 도중에 긴급 환자가 발생하였고, 긴급 조치에 들어갔으나 회복이 불가능해 보이자 즉시 소대장에게 알렸다. 식구들에게도 통보하여 환자를 인수하도록 하였으나 소대장이 도착하기도 전에 운명하는 경우도 생겼다.

3소대장이 연락을 받고 취조 팀에 도착해 보니 벌써 사체를 인수할 수밖에 없는 처지였기에 행원리 강 이장에 통보하였고, 가족이 와서 사체를 인수해 가도록 조치하였다. 가족들은 눈물을 삼키며 시체를 인수해 갔다. 고문 중에 사고가 나자 서청대장은 고문에 문제가 있다고 느껴 고문 담당관을 불러 경위를 청취했다. 고문 담당관은 지금까지 해 온데로 고문을 했다면서 원래부터 신체가 약골이었다며 "이렇게 갑자기 사망할 줄은 몰랐다."고 하자 결국 아무 일 없었던 것처럼 처리되고 말았다.

이렇게 되자 고문 담당관들의 고문 강도가 좀 느슨해지기 시작했으며, 이번에는 건강 상태를 고려하면서 고문이 이루어졌다. 이번 사고로 피고문자들에게는 좀 숨통이 생겼지만 여전히 공비에게 내통한 사실이 없다고 결백하다고 완강하게 저항할 수밖에 없는 일이었다. 고문 담당관들도 어찌할 수 없다고 판단하여 고문을 끝내고 미결로 확정짓고 3소대장에 결과를 넘겼다.

3소대장은 1차 때처럼 자백하는 사람이 없자 2차 명단의 사람들도 처형할 수밖에 없다고 판단하여 서청대장에게 1차 처형처럼 집행해야 되겠다고 보고하였다. 서청대장은 계속해서 내통자를 색출해야 하고, 공비 폭도들의 습격이 계속되고 있기 때문에 어쩔 수밖에 없는 일이라고 판단하고 빨리 처형하고 3차 내통자 내사를 진행하라고 지시하였다. 이에 3소대장은 이번에는 입산 공비의 친인척인 조련계들과의 관련자가 될 것이라고 보고를 하고는 대장실에서 나왔다. 3소대장은 서청 대장실에서 나오는 즉시 수사관들과 고문 담당자를 찾아가서 2차 처형을 내일 하겠다고 통보하였고, 소대에 돌아와서는 대원들에게 내일 늦은 밤에 저번처럼 처형을 집행하겠으니 미리 준비하라고 지시하였다.

이튿날 처형 시간이 다가오자 소대원들은 9명의 처형자를 끌어내었다. 그중 몇 사람은 고문에 시달렸던 탓에 걸어 나가지도 못하자 소대대원들이 간신히 차에 태웠다. 처형장 현장에 도착해서도 차에서 내리지도 못하자 소대원들이 등에 업어 내리고 한 사람씩 차례대로 십자 처형 틀에 세워졌다. 처형 대상자들은 간신히 처형십자 틀에 기대고 고개를 흰모래 바닥에 숙였고, 사격 지정자들이 피처형자들 앞에 줄을 맞춰 섰다. 1차 사형과 마찬가지로 사형이 집행되었고, 총을 맞은 사람들이 흰모래 바닥에 일제히 엎어졌다. 3소대장이 사체를 확인하러 앞에 나섰고, 한 사람의 팔이 움직이는 것을 감지하자 권총으로 확인 사살을 하였다. 다음으로 남은 9명에 대한 사형이 집행되었고, 모두가 흰 모래 바닥에 쓰러졌다. 3소대장이 사체 확인을 끝내고는 "덮어"하고 구령을 내리자 빈가마니 한 장씩이 사체 위로 덮어졌다. 행원리 강 이장이 2차 처형이 끝나는 총소리라는 것을 알고 새벽이 밝아오자 처형된 사람들의 가족들에게 시체 수습을 하라고 알렸다.

대대적인 공비 습격

　지금까지 공비들이 행원리에는 소소한 습격만 해 왔었기에 대체적으로 '조용히 4·3 고비를 넘어가는가?'했더니 마을 동쪽 한적한 곳을 택하여 30여 명이 대대적으로 습격해왔다. 서청토벌대 주둔 지역과 멀리 떨어진 곳을 택해서 식량을 탈취하기 위한 습격이었다. 행원리는 습격이 거의 없었기 때문에 지역 주민들 간의 연락 체계도 잘 잡혀있지 못한 상태였다. 습격해 온지 좀 시간이 지난 후에야 강 이장에게 연락이 왔고 마을 동쪽은 한적한 지역이기 때문에 굿을 해도 사람들이 모를 곳이었다.

　습격당한 집에서는 식량을 많이 털렸고, 저항하다 희생된 사람도 속출하기 시작했다. 출격한 서청토벌대 2개 소대와 대치하게 되자 총격전이 벌어졌고 총소리가 요란했다. 잠시 후 입산 공비들은 일부 인원을 철수시키려고 하였다. 전위대는 사격으로 서청토벌대와 교전하고 후선에서는 탈취한 식량 마대를 짊어지고 퇴거하기 시작했다. 도주 통로는 이웃 동쪽 마을 한동리 쪽으로 도주하기 시작했고 소수의 공비폭도들만이 끝까지 대응사격을 담당하였다. 계속되는 총격전에서 세가 밀린 공비폭도들 쪽에서 사격이 뜸해지자 서청토벌대가 포복하여 접근해 보니 2명의 공비 폭도가 사살되어 있었고, 나머지 잔당들은 다 도망쳐 자취를 찾을 수 없었다.

교전이 끝나자 소대장은 강 이장에게 날이 밝으면 피해 조사를 하여 보고하고, 죽은 폭도 사체를 처리하도록 하였다. 강 이장은 날이 밝자 피해 주민들을 찾아 피해 파악에 나섰다. 피해를 입은 집은 20여 호에 달했고, 인명 피해만도 10명에 달했다. 그리고 몇 사람을 동원하여 피살된 폭도 사체 쪽으로 가봤더니 처참하게 사격 당해있었다. 동행한 한 사람이 사체를 유심히 보다가 이 사람은 행원리 출신 입산공비 '이행선'(가명)으로 보인다고 하자 강 이장도 가까이 가서 얼른 보았으나 사격으로 상처가 심해서 얼굴을 식별하기가 곤란하였다. 동행한 사람은 '이행선'과 같은 동내 이웃 사람이었기 때문에 얼굴형이 틀림없다고 했다.

그래서 강 이장은 '이행선'이가 죽었으니 이후 우리 마을에 공비 습격이 없을 거 같다는 생각이 들었다. 또한 '이행선'(가

^{명)}이가 마을에 많은 피해를 입힌 죄인이긴 하지만 넓게 생각
해보면 이 어지러운 시국 탓이라고도 생각되었다. 강 이장은
동행인에게 책임지고 그 자리에 매장해주라 하고 나중에 시
국이 평정되면 가족에게 연락하여 장례 절차를 밟게 해주라
고 하였다.

강 이장은 소대장을 만나 행원 출신 '이영선'이가 이번 습격
으로 사살된 2사람 중 한 사람이라고 보고하였다. 이후부터는
공비 폭도들로부터 습격이 뜸해질 것 같아 큰 성과를 올렸다
고 말했다. 소대장은 즉시 서청대장을 찾아가서 어제 밤에 발
생한 공비들의 행원리 습격과 교전 결과를 보고했다. 피해 내
용에 대해서는 20여 호에서 식량이 탈취 당했으며 인명피해
는 10명에 달한다고 하였다. 그리고 공비들과 교전 결과 2명
의 입산 폭도를 사살하였으며 나머지는 다 도망쳤다고 하였
다. 그리고 사살된 공비 2명 중에 한 사람은 행원 출신 입산
공비 '이행선'^(가명) 이었다고 보고하였다.

서청대장은 "소대장, 수고했다."하고 '이영선'을 사살한 것은
큰 성과라고 추겨주웠다. 하지만 3소대장에게 "'이행선'이 사
살되었다고 너무 해이하지 말고, 항상 긴장하고 다시 공비 폭
도들이 습격하지 않는다고 장담할 수 없다."고 주의를 주었다.
그리고는 공비들이 숨어살고 있는 곳을 찾아내어 선제공격을

할 수밖에 없으니 계속 추적하여 찾아내라고 지시하였다.

서청대장으로부터 지시를 받고 돌아온 소대장은 입산 공비들이 과연 어디에 숨어 있는지, 어떻게 찾을 수 있을지 골똘히 생각하기 시작했다. 고민 끝에 내린 결론은 정확히 공비들의 은신처를 찾기 위해서는 입산 폭도를 사살하기보다 한 사람만이라도 생포하여 자백을 받으면 해결될 것으로 생각되어 생포 방법을 계획했다. 다음에 습격해오면 맞대응하여 사격전만 하지 말고 잠복해 있다가 생포에 주력할 계획을 세웠다. 그러기 위해서는 연락망을 철저히 해 두었다가 습격해오면 즉시 출동하여 탈출하는 길목에 잠복해 있다가 생포해야겠다고 생각하였다.

3소대장은 강 이장을 찾아 가서 공비들이 습격해 올 것으로 예상되는 곳들을 미리 파악해 두도록 특별히 당부했다. 공비들의 예상 습격로를 사전에 답사해 두었다가 작전을 펴기 위해서였다. 먼저 '적을 알고 자기를 알면 백전백승하는 것이 아니겠나?'하고 이번에는 기필코 성공하겠다고 각오를 하였다. 그렇게만 되면 서청대장이 지시한대로 공비 폭도들이 숨어 있는 곳을 선제공격하면 공비 소탕에 큰 성과를 올리는 계기가 될 것이라고 자신하였다.

내통자 3차 처형

3차 내통자 조사 대상은 제일 조련계가 중점이 되었다. 행원리 출신 입산 공비 '이행선'(가명)이의 가족이 조련계로 있었고, 친인척들도 조련계가 많았다. 그리고 이들과 친한 관계자들까지도 조사 대상이 되었다. 행원리에 살고 있는 '이행선'이의 친인척으로 조련계로 있는 사람들을 중심으로 내사에 들어갔다. 이 일도 강 이장의 협조 없이는 불가능한 일이었다. 3소대장은 강 이장을 불러 지금까지와 달리 이번에는 '이행선'가족을 중심으로 한 친인척 제일 조련계 내통자를 찾기 위해 중점적으로 내사에 들어가고자 하니 대상자 명단을 작성해 달라고 부탁하였다.

강 이장은 '이행선'이가 사살되어 안심하고 있었는데, 또 내통자 내사에 들어간다고 하며 명단을 요청해 오니 고민이 되었다. 왜냐하면 국내 일이 아니고 일본에 사는 조련계에 대하여 자세히 모르고, 남의 말을 듣고 알고 있는 것은 있지만 확실한 조련계 활동자인 것을 알지 못하고 있는 처지였기 때문이었다. 불확실한 추측으로 조사 명단에 올려놓을 수도 없는 일이고 보면 괴로운 일이었다.

강 이장은 이번 3차 내통자 명단 작성에 고민하기 시작했고, 잠도 오지 않아 정말로 혼자 어디로든지 도망가고 싶은 심정뿐이었다. 그렇게 1주일을 넘기게 되어서도 뾰족한 답이 안나오고 속만 타들어 가고 있는데 3소대장이 찾아왔다. 강 이장은 죄지은 것처럼 가슴이 덜컥했다. 3소대장이 "아직도 명단 작성이 안 되었습니까?"하고 물었다. 강 이장은 자신의 고민을 털어 놓을 수밖에 없었다. 이에 "힘들겠지만 차근차근 생각해 보시고, 정 힘들면 여기 행원리에 살고 있는 친인척을 중심으로 이미 알려져 있는 사람들만이라도 명단을 작성해 주십시오."라고 소대장이 한 발 물러섰다. 강 이장은 "그럼, 그렇게 하겠습니다."하고 답했고, 좀 고민이 줄어든 것 같았다. "수일 내에 명단을 확정 짓겠습니다."하자 소대장이 "이번에도 20명은 채워주십시오."하고 돌아갔다.

그러나 강 이장에게 20명 명단 확정도 쉬운 일은 아니었다. 거기에다가 노인과 미성년자들은 제외하면 명단 작성은 더더욱 어려운 일이었다. 그렇다고 명단을 제출하겠다고 대답까지 해놓았는데 명단 작성을 지연시킬 수는 없는 일이었고, 고민 끝에 할 수 없이 등불을 켜놓고 백지를 펴고 앉았다. 누구부터 써 놓을까 하고 고민 끝에 생각해낸 것이 우선 '이행선'이의 친인척 명단을 올려놓고 리스트 작성하듯이 관계도를 그리기 시작했다. 친인척 순위로 나열시켜 놓고 보니 어느 정도 윤곽은 짜졌지만 이 사람들이 꼭 내통자라고 단정 지을 수 있는 사람들은 아니었다. 그러나 어찌할 수 없이 20명을 간추려내라고 소대장이 요구했기에 달리 방법은 없었다. 단지 명단을 넘길 때 이 사람들은 내통자라고 확정지을 수는 없고 단지 친인척이라는 이유뿐이라는 사실을 말하고, 서청대에서 내통자 내사를 통하여 가려내라고 할 수밖에 없다고 생각하고 20명의 명단을 확정하고 소대장을 만났다. 강 이장은 3소대장에게 명단을 제시하면서 이 명단은 조련계 내통자라기보다는 친인척 이름을 써놓은 것에 불과하니 서청특별대에서 철저히 내사해서 확정지어야 한다고 하고는 명단을 넘겼다.

3소대장은 "알았습니다. 내사와 수사를 거치면서 내통자가 가려집니다."하면서 크게 걱정하지 마시라하고 헤어졌다. 소대장은 3차로 받은 명단을 수사관에 인계하면서 이번에는 제일 조련계 관련 친인척 명단이니 내통자로 예상되는 사람이 아니라고 설명하였다. 수사관들이 그렇게 알고 수사하겠다고 하고 조사에 들어갔다.

　수사팀에서는 종전처럼 5명씩 소환하기 시작했고, 소환되어 온 사람들은 자기가 조련계 친인척인 것뿐이고, 지금껏 일본에서 살다 돌아와 '이행선'과는 여기 동내 이웃사촌보다도 못한 관계라고들 주장하였다. 단지 친척이란 것뿐이지 '이행선'과 입산 공비들과는 전혀 관계가 없다고 처음부터 강력하게 자신들의 결백을 호소하였다. 소환된 5명이 거의 다 같이 저항으로 일관하자 할 수 없다 하여 결론을 못 짓고 고문팀으로 넘겼다.

　고문팀에서도 저번처럼 미결수로 넘어오자 이번에도 골칫거리가 되었다. 전기, 물고문 등이 동원되었고, 고백할 때까지 누가 이기느냐 하는 줄다리기가 시작되었다. 그러나 고백하는 사람들은 역시 없었고, 취조 받는 사람도 없었던 일을 고백하라니 분통할 따름이었다. 죽든 살든 일방통행을 할 수밖에 없는 일이었고, 고문을 이겨낼 수밖에 없었다. 며칠이 지나자 조사대상자들의 정신이 흐려지기 시작하였고, 고문팀에서는 저번처럼 사고자가 생길까봐 은근히 걱정이 되었다. 할 수없이 자백을 하지 않으니 미결수로 넘길 수밖에 없다 하고 순서대로 건강을 고려하여 고문의 강도를 조정하며 진행을 시켰다. 하지만 결국 2주를 넘겨도 20명에 대하여 전원 미결수로 넘길 수밖에 없는 처지에 놓이게 되자 3소대장이 찾아왔다.

3소대장은 내사와 고문 상황을 보고받고 고문팀에게 수고가 되더라도 20명 중에서 한 번 더 고문을 진행하여 10명으로 처형자를 추려달라고 부탁하였다. 고문팀에서도 20명 중에서 경중을 가려내는 것은 가능할 것으로 생각되어 3일 후 결론을 내겠다고 하였다. 3소대장은 수고해 달라고 하고는 돌아와 가만히 생각해보니 적절한 것으로 생각되었다. 조련계 내통자에 대하여는 뚜렷한 내통자도 아닌데 20명 전원을 처형하기가 부담이 되었고, 그중에서 경중으로 추려내어 형 집행을 하면 누가 보더라도 어느 정도 이해가 될 것이라고 자기합리화를 하였다.

이렇게 종이 한 장 차이로 사람들의 운명이 이승과 저승으로 갈려지게 되었다. 3일간에 걸쳐 경중이 가려졌다. 고문으로 건강 상태가 안 좋은 사람을 그대로 내보내면 민심이 문제가 될 것같이 보여 이를 고려하여 10명에 포함시켜 3소대장에게 명단을 넘겼다. 소대장은 고문팀에서 명단을 인계받으면서 내일 처형하겠으니 준비해 달라고 하고는 돌아갔다.

다음 날 처형시간이 되자 소대장은 소대원들을 집합시켜 놓고 죄수 10명을 밖으로 끌어내기 시작했다. 건강이 많이 훼손된 사람이 여럿 있어서 소대원들이 등에 한 사람씩 엎고 차에 실었다. 처형장에 도착하자 10명을 10개 처형대 앞에 세웠고, 그 앞에 사격지정자들이 일렬로 섰다. 소대장이 "사격준비"하고 명령을 내리자 일제히 총을 어깨에 올리고 처형대상자들을 겨냥했다. "사격"하는 구령 소리에 "탕, 탕, 탕, 탕"하고 총구에서 불과 연기가 뿜어졌고, 10사람은 백사장에 눕혀졌다. 소대장이 확인 사살 하고는 "덮어"하고 명령하자 빈 가마니가 사체 위로 덮여졌고 3차 처형이 끝났다.

4·3은 공산주의 사상에 물든 자들의 만행과 이를 극복해 가는 가운데 벌어진 우리나라의 비극적인 역사입니다. 공산주의를 강요하기 위해 저질러진 직접적인 피해 못지않게 4·3을 수습하는 가운데 빚어진 많은 양민들을 괴롭히고 사형장의 이슬로 사라지게 만든 애달픈 4·3 이야기들을 통해 그 교훈이 이어지기를 바랍니다. 4·3의 봄철에 핀 동백꽃과 평화의 상징인 반딧불을 바라보며 피해자 가족의 애처로운 심정을 되새겨 봅니다.

〈끝〉

제주 4.3의 동백꽃을 추모하며
희망의 반딧불이 깃들기를 소망합니다

권선복
도서출판 행복에너지 대표이사

제주 4.3 사건은 1948년 4월에서부터 1954년 9월 무렵까지, 약 7년여간의 기간 동안 제주도에서 남한 단독정부 수립 및 반공정책에 대한 폭력적 저지 활동을 전개하던 공산주의 계열 활동가 및 무장집단과 이를 토벌하려 제주도에 들어온 정부군 및 우파 계열 무장집단 사이의 폭력 투쟁 및 소요사태를 의미합니다. 1만 5천여 명에서 3만여 명이 희생된 것으로 알려진 이 사건의 진위와 책임 여부는 아직도 진상 규명과 논쟁이 벌어지고 있는 부분이지만, 이러한 논쟁을 떠나 제주에 오랫동안 살아오며 역사의 고통을 몸으로 겪은 생존자들은 제주가 겪은 고통과 회한을 더 많은 사람들이 알고, 이 땅에 더 이상 이런 일이 일어나지 않도록 모두가 노력해 주기를 간절히 소망하고 있습니다.

이 책『4월에 핀 동백꽃』은 1935년 제주시 구좌읍에서 태어나 30여 년을 제주농협에서 재직하는 한편 제주 금산농장의 대표로서 활동하고 있는 김두전 저자가 자신의 고향인 구좌읍 서부 지역의 김녕리, 동복리, 덕천리, 월정리, 행원리 6개 마을을 대상으로 4.3 사건 생존자들의 증언과 기록을 수집하여 이야기로 엮어 낸 책입니다. 4.3 피해지역에서 살아 온 당사자 중 한 명인 저자가 당시의 기억과 생존자들의 증언, 기록을 토대로 하여 풀어내는 이야기들은 당시 산속에 암약하던 공산주의 무장집단의 폭력적인 약탈활동과 이들을 토벌하기 위해 파견된 서북청년단의 강압적인 공산주의 내통자 색출작전 및 그 과정에서 무고한 주민들에게까지 가해졌던 대규모의 폭력행위를 동시에 생생하게 증언합니다.

　김두전 저자는 2016년 제주의 세계적인 문화유산인 만장굴 발굴 탐험기인『지상으로 탈출한 만장굴』을 출간한 바 있으며 2020년에는 제주 앞바다의 고래들을 중심으로 제주의 자연과 삶을 생생하게 담아 낸『대왕고래의 죽음과 꿈 가진 제돌이』를 출간하는 등 삶의 터전인 제주도에 대한 큰 애정과 사명의식으로 출판 활동을 전개하고 있습니다. 저자의 구순을 맞아 새로 출간되는『4월에 핀 동백꽃』에서도 김두전 저자의 제주에 대한 깊은 애정을 느낄 수 있을 것입니다.